國中理化一點都不難

第五版

作者：陳大為、王昊、王虹、王翰

看到化學符號 @_@
就頭暈嗎？

想到理化
就頭痛嗎？

五南圖書出版公司 印行

學生推薦序

從國中時期開始，理化就一直是最令我頭疼的項目，經常迷失在一項又一項的公式當中找不到解題的出口。到了國三，為了基測而報名了陳大為老師的理化課程，大為老師有系統的教學在最後推了我一把，使我能順利進入自己夢寐以求的第一志願！所以儘管我已上了高中，我仍然就讀大為老師的高中化學班。

陳大為老師上課內容豐富卻不冗贅，對每一單元的主題進行清晰透徹有條理的分析，若是遇到複雜且重要的觀念或理論，老師更會不厭其煩的為我們重複講解。另外，老師在講義的編排上簡潔扼要，但重要的題型或觀念是絕不疏漏，讓我們在段考前只要複習老師的講義就足夠。自從上了大為老師的課後，解開理化題目更加的得心應手，讓我的信心大增，對理化也不再有排斥感。

「一沙一世界，一花一天堂。」理化是一塊範圍廣大又親近日常生活的領域，相信各位讀者在本書的引領之下，都能在理化的世界中找到屬於自己的桃花源！

【北一女中　謝兆云同學】

我覺得大為老師是個認真負責的老師，雖然我是從國三才開始上老師的課的，但是老師仔細的講解觀念和定義讓我在基測中拿到好分數，老師的上課風格通常是輕鬆中不失嚴謹的，當我們精神狀況不佳時，也許會用一兩個笑話來抓回我們的注意力，當心情浮動時，會以較微嚴肅的語調上課，在他的課堂之中我受益良多。今天大為老師出版了這本書，雖然我並非一個十分厲害的學生，但仍然希望大家能多多支持，也期望我在之後的學測中能夠在這本書中受益良多。

【建國中學數理資優班　吳鈞季同學】

從國中開始上陳大為老師的課之後就徹底愛上理化了，老師輕鬆有趣的上課方式，讓我總能在快樂自適的情況下把理化學好，原本複雜枯燥的公式也被老師用簡單的例子變得生動易懂，讓這大家頭痛的科目在老師的教學下也變得容易許多，而我在學校的理化成績表現也較其他科目突出，真的很感謝大為老師，讓我能在課堂上獲得許多課內及課外的知識，並且能在生活中實際體會及運用理化的奧妙。我知道我並不是個十分優秀的學生，但是我相信在大為老師的帶領下，我的理化必定能更上層樓，而今天老師出版了這本書，也希望大家能多多支持這本書，也期望我能夠在本書裡學習到更多知識。

【師大附中　吳涵羚同學】

在國中時，我的理化一直都不是很好，總是會無法理解一些觀念，即使到了基測前也是如此，升上了高中後更是令我頭痛，我遇到陳大為老師，我的化學立刻就進步神速了。他上課風趣，也將重點歸納得十分完整，像是化學鍵、化學計量等，雖然我反覆讀好幾次，依舊找不出什麼頭緒，不過，老師講解了一下，馬上就懂了，可以說是一點就通，平時上課所用的講義在段考前更是拿高分的利器，裡頭的題目非常豐富，無論是過去的考古題還是特殊的題型，應有盡有，實用性高。

現在，應該有很多學生都會對物理、化學覺得棘手，甚至害怕去接觸他們，所以我很推薦這本書和陳大為老師，也希望每個人都能因此喜歡上理化這門學問。

【成功高中　陳冠諭同學】

我從國中開始上大為老師的課，大為老師上課的方式生動又活潑，總是能在輕鬆但不會隨意的狀態緊緊抓住同學們的目光，而方便記憶的口訣只要聽過想忘也難，老師上課的時候也能注意到同學的精神而適時加入幾個故事、笑話，拉回同學們神遊的靈魂。最讓我欣賞的是老師在課程安排、講義編排上的細心，讓我們能在最好的時機得到需要的資訊，老師以他對考題的熟悉作出了最好吸收、最棒的流程以及習題，靠著老師三年的用心也讓我在基測拿到漂亮的分數，希望大家能支持老師的書，相信它一定會帶來許多的幫助。

【師大附中化學實驗班　李威廷同學】

我是個對任何事物都抱有很大興趣的學生，國二第一次接觸理化，我對課本上的各種新知既覺有趣卻又充滿疑問。然而上課的時間有限，老師不可能將所有內容講的十分詳盡，讓我有些失落。然而這份失落在碰到大為老師後，立刻消失無蹤。當時我以光碟函授的方式在家上課，但是仍然從老師那裡獲得不少知識。大為老師不僅讓我所有稀奇古怪的問題都得到了解答，更因為老師上課時會針對時事提出他的看法，讓我們從不同角度剖析許多問題，也帶我們釐清許多事實的真相，更讓我們學習到老師的生活經驗以及態度，對我獲益良多，使得日後不論是在課業上的知識或是生活上的大小事，我都能以正確的態度及方法去面對。

感謝大為老師的教導，讓原本是只有興趣而一直找不到最佳念理化方法的我，在老師帶領下走到正確唸書軌道上，同時也瞭解理化深入且迷人之處。未來我還要繼續跟著大為老師學習，相信不僅我的理化成績能高人一等，在日常生活的各方面，都能較同年齡的有更優秀的表現。也相信此書能給同學們最大的幫助。

【台北市立大同高中　徐意惟同學】

從國二開始，我就一直是大為老師的學生。化學是一門有趣的科學，生活中，處處皆是化學。無論是平時生活，還是休閒娛樂，都與化學相關！到了高中，它依然是一個重要的科目。

還記得，剛考上高中的那時，我對化學抱著一股熱情得去預習。但是才看完第一章第一節，便大失信心。幸好，有大為老師的教導，讓我對它不再害怕、煩惱。這也造就出我高一時，學校化學課只有第一個星期在認真上課，還是可以考高分的效果。除了段考的成績進步，生活上的知識也是日益增加。現在，升上高二，我是第三類組的，化學必然重要。跟著老師的腳步，按部就班的學習。對我而言，在讀化學這科時，它是一件輕鬆容易的事。很感謝老師的教導。希望大家都能在這本書中尋找到自己需要的，並且獲益良多。

【松山高中　司徒萱同學】

陳大為，補教界的太陽神，縱橫沙場二十餘年，得天下英才而教之，他是我的恩師，也是我求學過程中不可或缺的一位好老師。

還記得當初國二時，在我就讀國中的對面某家社區型補習班，我報名了理化課程。第一堂課，老師洪亮的嗓音以及他那對每位學生親切的微笑，讓我有了很好的第一印象。接下來的每一堂課，老師都是百分之百的全力以赴，盡其所能的傾囊相授，並且可以讓班上在很愉悅的氣氛下記住許多複雜的理論。而在課堂上不斷的點同學進行問答的互動式教學，也讓每個人都全神貫注的投入。不知不覺的理化已經變成了我最拿手科目！

國二倏忽即逝，轉眼間我就要面臨人生第一場非常重要的考試——基測，這時老師絕不像其他補習班老師還在鑽研一些非常繁瑣的題目，而是不斷地跟我們強調重要的觀念以及中心思想。最讓我感動的是老師每堂課都當著全班的面不斷的鼓勵我，告訴我只要堅持到最後一刻，他相信我自然科一定可以拿到滿分。考完基測後我回到家，第一件事就是對自然科的答案，而且我果然沒有辜負老師的期望，基測自然科拿了滿分！

上了高中，我毫不考慮的繼續跟隨的老師的腳步，在競爭激烈的班上，化學依舊是我最拿手的科目，因為老師上課的內容，完全針對學校必考的重點，很完整全面的交給同學，而老師私底下也很照顧我，能在求學階段碰到大為老師，真的很幸運。

還記得老師曾說過：「身為一位老師，我最大的心願就是能讓同學將來長大能想起我陳大為曾經在你的課業上協助過你。」老師無私的奉獻，也是讓我很敬佩的地方。能閱讀到這本書的同學，相信大為老師也能給你一定上的幫助，雖然你或許沒有上老師的課，但是歸納好的重點想必也能幫你省下許多時間。只要肯努力，你也能在化學這門科目上拿到意想不到的好成績！

【台北市立大同高中　尹建翔同學】

作者簡介

陳大爲老師

陳大為老師，縱橫補教界35年，歷任大集美、台北儒林、文城、陳立、高國華、林冠傑、華興等各大補習班，每年教導上千位國、高中學生，為目前全台深受推崇與肯定的理化補教名師。上課風格節奏明快、幽默詼諧、課程重點針針見血，抓題精準，最擅長將課程重點彙整列表圖示，並以日常生活實例融入理化課程中，深受學生與家長好評。曾為中國時報「國三第八節」專欄理化科作者2年，著有《你也可以是理化達人》、《97國中基測完全攻略密笈》、《圖解國中基測理化》、《學測化學必考的22個題型》等書、以及《國中理化TOP講義》、《國高中理化太陽講義》與總複習系列等。

王昊老師

大家好，我是王昊老師。

老師上課時滿愛跟同學們互動，最喜歡看同學在歡笑中學習的樣子，因為自己也當過學生，學生時代的我最怕遇到沉悶的老師上課，想不睡都難，更別說認真聽課了，實在是種煎熬。現在，自己當了老師，當然不希望自己的學生遇到同樣的狀況囉！所謂己所不欲，勿施於人嘛！

我深相信，一位好的老師雖然可以幫助同學有效學習，但若想要獲得真正高分、在這科目得到成就感，最終還是要看同學們是用什麼心態去學習。理化其實沒有想像中這麼難，若你能不畏懼它，願意觸碰它，那就有機會學好，基本上不會太差；但若你能更進一步去喜歡它，徜徉在理化的領域中，那麼日後想必會成就非凡喔！所以設法讓同學去喜歡這個科目（至少不要害怕），一直是老師在教學上很care的重點呢！

孩子們請切記，神醫也只能救活想活的人，老師一定可以幫忙拯救原先你那慘不忍睹的理化，先決條件是你的心態沒有放棄！一起加油唷！

王虹老師

Hello，大家好，我是王虹老師！

在國中時期，「理化」是我最喜愛的科目了。

為什麼呢？因為理化可以將日常生活中的自然科學現象，從原理到計算，從霧裡看花到清楚明白，這過程是我最愛的階段。領悟這其中而得來的成就感，你非得要親身體驗一下不可，絕對讓你直呼：「哇！王虹老師，原來理化也可以這麼簡單！」哈～哈～是真的！

王虹式的教學風格是什麼呢？

每次上課時，我總喜歡搞笑地做些誇張表情及肢體動作，講一些理化小故事，並利用淺顯易懂的比喻融入複雜的理化原理中，讓你不知不覺就學會了一個單元，使你學起理化一點兒也不困難呢！

王翰老師

我是王翰老師，從小我就對新奇的事物抱有極大的好奇心，自然科學這科目理所當然的成了我最愛。

老師上的第一堂課都會對學生說一句話「在什麼時間，做什麼事」，這句話是提醒同學們，人的生命有限，我們應當要好好把握當下，上課就好好上課，作業就好好練習，不要浪費多餘的時間去做無意義的事，讀書考試只是生命中的一小部分，這世界多的是新奇有趣的事物等著我們去享受。

效率，在最短的時間給予同學們最大的收穫，一直都是我上課的方式，這不僅僅只是教你們自然科學的知識，更是一種學習的態度，這份能力不管在各種領域都會是你們強而有力的武器。

天下沒有笨的人，只有不努力的人，只要你們有心，個個都可以成為理化達人。

五版序

國中理化真的一點都不難

108課綱施行後，已歷經二次大考，終於讓大家見識到「素養」是如何入題。

不知道所有任課師是否瞭解：「素養」這門課的上課方式？一位老師的課要上得好，所有課程都需「內化」，也就是對課程內容的真實瞭解；其次，教師個人要能將教學內容，身為表率身體力行於日常生活中，在平常就能實踐；最後，要以學生能接受並吸收的教學方式，授予學生，讓學生樂於學習與生活。

十年前，收到出版公司的邀約後，本人即與太陽教學團隊教師群商討，如何不讓《國中理化一點都不難》這本書只是淪為一本「濃縮的參考書」：要以「活潑自然」取代「枯燥生硬」，要以「生活運用」取代「考試機器」，所以，在內容中，我們打破了國中理化科章節的配置，將相關的內容彙整，在第五版，再加入了本書章節與實際課程內容對照，期待讓國民義務教育的精神更落實，並以生動活潑的措辭方式表達，讓學生對理化科產生真正的興趣，並將成果具體反應在考試的成績單上。本書中，讀者看到的不再是冷冰冰的計算公式與艱澀的內容，而是一種隨時隨地能運用在生活中，火燙信手可運用的生活知識，最後在考試中展現內外兼備的成果。

五版的成果，正印證了太陽教學團隊教師群創意的正確走向。令人開心的是，近來市面上所有課本的編輯方式，也越來越生活化與幽默化，大考的走向也越來越素養化，與本書的精神完全契合。十年前本書的出版，讓我有幸與許多優秀學生結緣：「網紅學霸林宸緯」正是其中之一，他以他的學習成果正告全國學子：國中理化，真的一點都不難！

陳大為

112年夏於太陽教學團隊台中辦公室

謹以此紀念曾為我的學生、我的工作夥伴、本書初版作者之一

／簡凡萱老師（1989～2023）

再版序

理化是最貼近生活的學科

因為主政者的思維，自然科近年來竟成為大考比序上的最末位學科，令人深覺不可思議！科學發展是國力的象徵，台灣在先前經濟上的崛起，就是肇因於自然科學教育的深耕，如鴻海與台積電等，舉凡台灣經濟力的指標公司，幾乎都與自然科學脫離不了關係，惟自從在大考上的比序由前段成為末位之後，台灣經濟力就直線下降，令人不禁擔憂未來我國國力是否將一蹶不振。

國民中學教育是台灣國民的義務教育，國中的理化課程乃屬於自然學科中最重要、卻也是最艱深的一科。學生自國民小學升至國民中學之後，舉凡國文、英語、數學、社會與自然五大學科，不但課程份量增加了，連學科內容也變得更為艱深，許多領悟力較差或較慢的學生，如果沒有遇見好的教師引導，成績一落千丈就不會是太意外的事，再加上大考比序上不受重視，所以，本來就不大好唸的理化科，就會慢慢地在學生心中被邊緣化、甚至放棄，此等後果，輕者就造成像某電視台的記者使用溫度計測量積雪深度的笑話，而嚴重者就像八仙塵爆案如此傷亡慘重、甚至動搖國本的恐怖情事！

《國中理化一點都不難》一書的出版，是我們太陽教育集團企圖力挽時代狂瀾的傑作！本人集合集團裡最優秀的教師群，來編寫國中學生對理化學科的啓蒙書。所有作者都有一個偉大的心願：我們希望，能讓還沒有接觸國中理化的學生產生興趣；更希望能讓已經接觸理化，卻在學習上發生障礙、失去信心的同學，引導他們回歸學習正軌且產生自信。當然，在理化學習上相當順心的同學，也可在本書中找到原本不知道的科學趣味，甚至再研讀本集團其他著作《行動化學館》系列叢書，讓讀者的科學素養能更上層樓！

你假設不熟國文、不會英文、不懂數學、不知歷史地理公民與道德，要在社會上生活，應該也不是難事。但是如果不懂自然科學，尤其是理化，你可能會讓自己在日常生活上處處產生困擾，嚴重的話甚至危及生命！我們的日常生活中食、衣、住、行等種種，處處都是理化，而世界上常見的重大災難，也都跟理化息息相關。很開心收到出版社要再版的訊息，這代表著廣大讀者們對於我們作者群努力的肯定，也意味著普羅大眾對於自然學科的重視程度並未因大考趨勢而衰減。

理化是最貼近生活的學科！國中理化一點都不難！

陳大為 謹識

於105年夏在新北市三重〈太陽教育集團〉總部

自序

讓「理化」成為你最有自信的一科

每年在招生季，都會看見各大補習班如此宣傳：「理化是艱深的一科，不亞於數學與英文！」我心中不禁莞爾。

理化課程在國中占有3冊，每年基測（未來為「大會考」）約考30題左右，平均每冊將近有10題入題（30/3），與數學、英語等主科相比較，不但毫不遜色，而且是相當經濟且具有得分效率的重要科目！理化需要理解，有些內容是需要藉著有經驗的老師講解才能懂；理化需要背誦，其份量絕不亞於國文、英語；理化當然需要計算，計算題份量相當吃重，數學中如三角函數、十字交乘、科學記號等，都需要運用到，但近年來大考命題趨勢已經將計算題中演算的部分簡單化，有的以心算的方式就可以輕易算出答案，甚至只要你列出算式就好。

理化，是一門應用科學。所謂「應用科學」，就是課程內容可以完全運用在日常生活裡，不但基礎、而且重要！任教二十五年來，我無時無刻在研究，如何讓學生自最基本的觀念與公式開始瞭解起，穩固孩子學習的基礎，考試時遇到艱深的難題，即使老師從來沒有提示過，自己也可以參透來輕鬆解題。要做到這一點，就要看學生在啓蒙時是否就走對了方向。而近年來基測的命題，有愈來愈生活化的趨勢，不但實驗題的比重愈來愈大，而且有關生活中與理化相關的細節都搬入考題中。所以一位優秀的理化老師，在上課時應都會提到相關的生活實例，不但可以讓課程更為生動、貼近生活，更讓同學在面對生活化的考題時可以觸類旁通！

國中理化課程其實並不難，但是要讀得好，卻又不簡單，主要原因是台灣升學主義掛帥，大家為了表面上的考試成績漂亮，瘋狂追逐解題，而忽略了基本定義與觀念的奠基。因勢利導，許多缺乏教學熱誠與經驗的老師，就只教考題，以大量題海來淹沒學生的同時，也把學生對理化的信心與期待，一點一滴地完全吞沒。《國中理化一點都不難》正是針對國中新鮮人所準備的一本國中理化啟蒙書籍，集合本教學團隊菁英教師執筆，將國中理化共約十八個章節統整成「基本測量」、「自然界的物質」、「隱藏在生活中的化學反應」、「生活中各式各樣的能量」、「力與能量」、「電」等六大章，引領已有國小自然科基本觀念的國中新生，正式進入國中理化的殿堂，告訴你國中理化要學的重要主題。內容沒有難題、沒有艱深理論，作者群以豐富的教學經驗搭配輕鬆活潑的詞彙，企圖以最紮實的內容，讓學生喜歡理化、進而自動地想繼續研究理化！

在你得到這本書的同時，恭喜你已經成功踏出國中理化課程啟蒙的第一步！的確，理化是艱深的一科，不亞於數學與英文，但我們相信，《國中理化一點都不難》會讓你在未來國中理化科的成績表現，耀眼無比！理化，必成為你最有自信的一科！

陳大為 謹識

民國102年春在新北市三重教學總部

目　錄

第一章

你一定要會的基本測量

——對應國中自然科第三冊第一、二章

測量可是科學實驗中
的重要基本技術呢！
什麼是準確值
什麼是估計值?

前言

理化是一門求真求實的學科，如果凡事都只用目測去判斷一個物體的外在特性是不可靠的，也欠缺客觀性，更失去了本學科的精神。所以為了能夠精確地研究一件事物，我們必須先學會如何「測量」，透過適當的工具，進行準確的測量，獲得可靠的數據，如此一來研究才有意義。

由於科學日新月異，針對各種事物的測量方法及種類早就已經多的數不清，難易度也大不相同，實在無法一一舉例說明，所以在此僅以最基本的長度、體積、質量的測量，以及密度、濃度的計算，來讓各位同學瞭解測量的方法與意義。

本章讀完後你會學到：

◎瞭解測量的意義與方法，以及測量值需包含「數字」及「單位」兩部分。

◎學習「估計值」、「準確值」及「最小單位」的意義。

◎瞭解測量必有誤差，並學習如何減少誤差。

◎學習長度、體積、質量的測量以及常見的公制單位。

◎學習如何利用基本測量來計算「密度」及「濃度」。

◎瞭解密度對物質意義。

◎學習使用科學記號來化簡數據。

一、何謂科學

科學追求真實，人類不斷藉由觀察、假設、實驗，來解開自然科學之奧秘，而其中「實驗」是追求真實過程中最重要的一環，有了實驗的結果，我們才能對先前的觀察做對照，對先前的假設做驗證。然而，「測量」的精準度卻直接影響著實驗的結果，所以，在各位同學準備接觸理化這門注重實驗的學科前，首先務必要知道如何「測量」。

二、到底準不準？

任何測量都必須選定一個單位，為了使測量結果更為精準可採以下方式：

1.使用較小刻度之測量工具，刻度愈小，精準度愈高。

2.多次測量，求平均值，但在求平均值時，誤差較大的測量值不可列入平均計算，以免影響平均值精準度。

$$平均值=\frac{每次測量值的總和}{測量的次數}$$

而測量的結果則必須包含**單位**與**數字**兩部分。數字部分由**一組準確值**和**一位估計值**組成。每次測量的結果都會因為估計值的不同而改變，誤差因此而生。

三、長度、體積、質量的測量

同學們應該發現我們現在所講的測量，和以前小時候所熟悉的測量不太一樣了吧！現在就先從比較簡單的長度測量來試試身手！

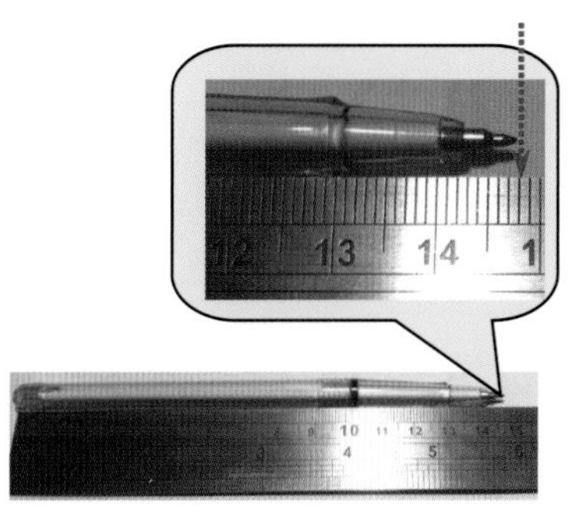

(一)長度測量

首先先選定一把最小刻度為0.1公分的直尺，然後來測量一支鉛筆的長度，將鉛筆尾部對準刻度0的位置，觀察筆尖對齊的刻度。

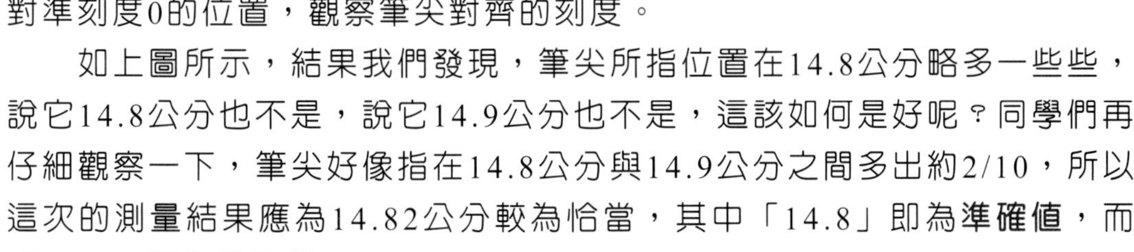

如上圖所示，結果我們發現，筆尖所指位置在14.8公分略多一些些，說它14.8公分也不是，說它14.9公分也不是，這該如何是好呢？同學們再仔細觀察一下，筆尖好像指在14.8公分與14.9公分之間多出約2/10，所以這次的測量結果應為14.82公分較為恰當，其中「14.8」即為**準確值**，而「0.02」便為**估計值**。

常見的長度單位：

單位	符號	別稱	單位間換算 與公尺換算
公里	km	仟米	10^3公尺
公尺	m	米	1公尺
公分	cm	釐米	10^{-2}公尺
公厘	mm	毫米	10^{-3}公尺
微米	μm		10^{-6}公尺
奈米	nm		10^{-9}公尺
皮米	pm		10^{-12}公尺

㈡體積測量

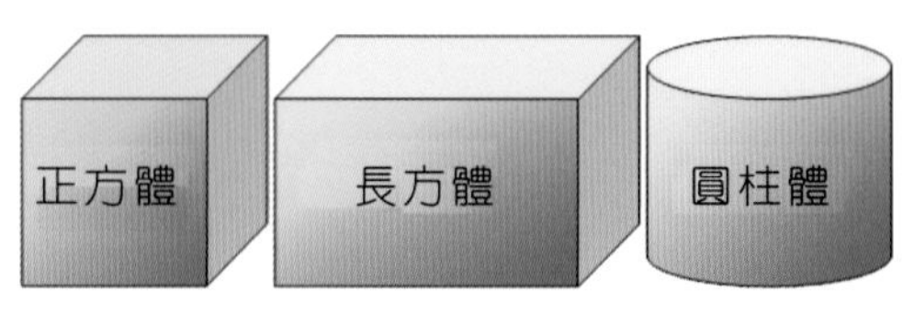

一般當我們要測量體積時，不外乎就是用數學所教的「底面積×高」公式來求解，但這樣的求解方法只能用來應付規則形狀的物體，如正方體、長方體及圓柱體。若是遇到不規則形狀的物體，那又該如何是好呢？

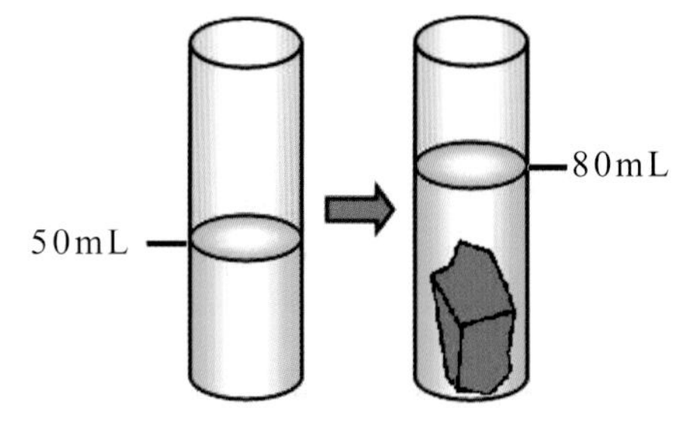

此時我們可以利用「排水法」來加以測量，在夠大的容器中加入適量的水，再將待測物放入容器中，使之完全沒入水中，最後測量排開水的體積，即為待測物的體積。是不是很簡單啊！如圖例，我們很輕易的便可知道那不規則形狀的石頭體積為30cm^3。

註：「排水法」只能用在不溶於水的物體或已飽和的溶液中喔！

常見的體積／容積單位：

體積單位	立方公尺（m^3）	立方公寸（dm^3）	立方公分（cm^3）
容積單位	仟升／公秉（kL）	公升（L）	毫升／公撮（mL）
單位換算	$1cm^3=1c.c=1mL.$；$1L=10^3mL$；$1m^3=10^3L$		

㈢質量測量

最常見的質量測量方法當然就是利用天平啦！天平的種類雖然多樣，但其實原理都是一樣的，而且相信同學們應該也都不陌生吧，所以這邊就稍作一下簡單的介紹囉！

上皿天平

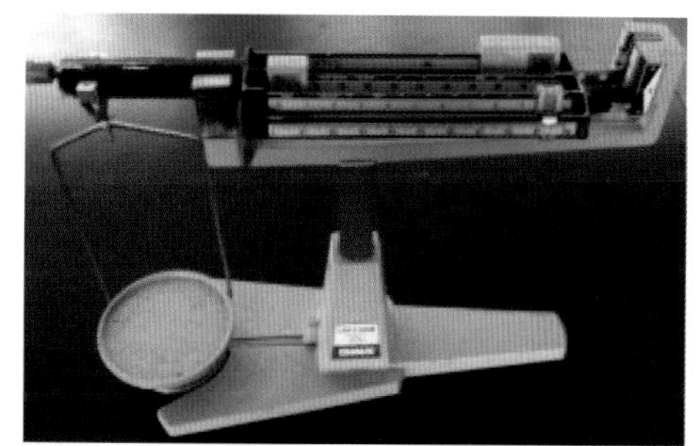

三梁天平

首先先將天平放置於水平桌上，使用前記得要先**歸零**註。接著將待測物放在天平左盤，砝碼放在右盤。然後藉由砝碼的增減，使指針停在正中央刻度，即達平衡。若天平為等臂天平，則還可利用調整騎碼來使天平平衡。最後計算砝碼總質量或（再加上**騎碼**的位置讀數），此數值便為待測物之質量。當然，質量的測量值如先前所學，需加1位估計值喔！

註：所謂歸零是指調整校準螺絲，直到指針指到正中央刻度或左右擺幅相同。

常見的質量單位：

單位	別稱	符號	單位換算 與公斤換算
公噸	仟斤	t	10^3公斤
公斤	仟克	kg	1公斤
公克	克	g	10^{-3}公斤
公絲	毫克	mg	10^{-6}公斤

四、密度的計算

密度是指物質在每一單位體積所具有的質量，密度可作為判斷物質種類的依據，在相同溫度及狀態下，同樣的物質，儘管體積、質量有所不同，但一定具有相同的密度。從密度的基本定義可得到密度與體積及質量的關係式如下：

$$物體的密度（D）=\frac{物體的質量（M）}{物體的體積（V）}$$

其中質量（M）可用天平測得，而體積（V）則可利用數學公式或排水法測得。

1. 常見的密度單位

單位	單位換算
公克／立方公分（g/cm^3）	$1g/cm^3 = 1000kg/m^3$。
公斤／立方公尺（kg/m^3）	

2. 常溫常壓下，常見物質密度

	物質	密度（g/cm^3）		物質	密度（g/cm^3）
固體	冰塊	0.92	液體	水	1
	地殼	2.8		水銀	13.6
	金	19.3		血液	1.06
	銀	10.5	氣體	物質	密度（g/cm^3）
	銅	8.9		空氣	0.0013
	鐵	7.9		氫氣	0.00009

五、濃度的計算

「老闆，我要一杯珍珠奶茶，少冰半糖。」這句話大家都不陌生吧！放學後，同學們最愛在回家的路上跑去飲料店點一杯珍珠奶茶，可是每一個人喜歡的甜度不太相同，有人喜歡全糖，有人怕胖喜歡點半糖，這就是糖的濃度不同，但只是說全糖或半糖，似乎不夠精準喔！所以進入國中，我們要學習更科學的濃度計算方式囉！

重量百分濃度：

$$\text{重量百分濃度（P\%）} = \frac{\text{溶質重}}{\text{溶液重}} \times 100\%$$

以一杯糖水來說：

溶質：糖

溶劑：水

溶液：糖水

若一杯100g的糖水溶液（糖重＋水重）中含有20g的糖，則代表此杯糖水含有20%的重量百分濃度。若一杯1000g的糖水溶液中含有400g的糖，則代表此杯糖水含有40%的重量百分濃度。以這樣的方式表示濃度，可讓人更清楚明瞭濃度的大小。

六、科學記號

當一個很大的數字，有很多位數，或是一個很小的數字，有很多小數點時，書寫起來相當不方便，我們會用一個簡單的方法將數字化簡，整數部分只留個位數，另外加上幾位適當的小數，其餘的位數皆以10^n表示，整個數字將會變成$a \times 10^n$，而a必須遵守「$1 \leq a < 10$」的原則，這樣的方法即所謂的科學記號。

舉兩個例子說明一下：

1.某公司年收入685000000元，若用科學記號改寫則為 6.85×10^8元。

2.某物質質量測得為0.000000023mg，若用科學記號改寫則為 2.3×10^{-8}mg。

有了科學記號，許多令人眼花撩亂的極大或極小數字，都將變得簡單明瞭，讓人們可以更輕鬆且準確地感受到數字的大小概念。

結語

各位同學在學習完本章之後，應該發現其實很多測量方法可能早就會了，所以本章節難度其實不高，只是把原本所熟悉的「測量」變得更加嚴謹罷了，不論是數字、單位等，都有嚴格的限制，這是必然的，因為愈是精確的研究，要求一定愈是嚴格！現在就讓我們一起來稍作回顧，看看哪些是在這個章節裡面容易犯錯的地方，同學們也要多加留意喔！

本章容易犯錯的地方與注意事項：

◎測量結果即為測量值，除了數字外，請務必搭配適當單位。

◎估計值往往是同學容易遺忘的部分，要確實在最小單位後加上一位估計值。

◎單位的轉換時一定要注意位數的變化，不同物理量的單位不可互相轉換，比如說公尺和公斤是不能互相轉換的，但公尺可以轉換成公分。

◎密度可以用來判斷物質種類，在相同狀況下相同種類的物質，密度一定相同；反之，不同種類的物質，密度一定不同。

◎科學記號在使用時，一定要留意位數的變化，稍不留神，很容易就計算錯誤。

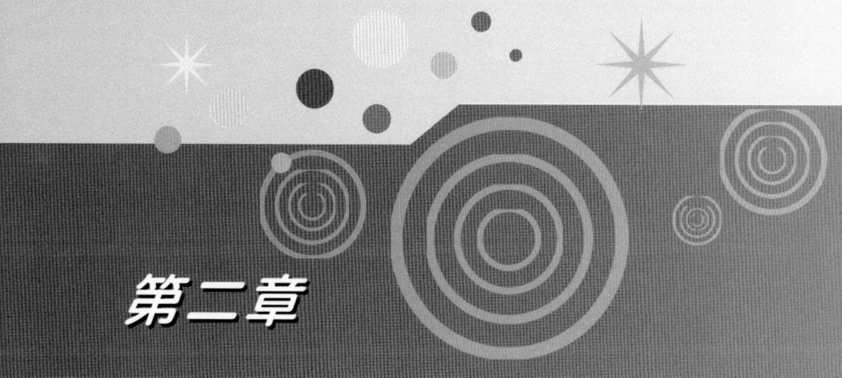

第二章

自然界的物質

——對應國中自然科第三冊第六章、第四冊第三章、第五章

我們看到的物體
有80％以上含碳喔！

前言

在進入這個單元前，請同學們先抬起頭來看看眼前觸目所及的東西，有書本、茶杯、飲料、鉛筆、橡皮擦，還有窗外美麗的花草樹木、枝頭上的小鳥、操場上奔馳的同學們，這些自然界的萬物，各位同學們有想過到底是怎麼組成出來的嗎？這個單元內容就要一一解開這些謎題囉！

本章讀完後你會學到：

◎物體由物質組成。

◎組成物體的最小單位。

◎「酸類」、「鹼類」、「鹽類」的定義。

◎瞭解什麼是「電解質」。

◎「有機化合物」與「無機化合物」的區分。

◎生活中所使用的有機化合物。

一、物質

(一)到底這些東西的組成物質是什麼呢？

同學們，從小到大，有沒有想過世界上這麼多的東西，到底是怎麼變出來的嗎？到底組成它們的物質是什麼？鉛筆、橡皮擦是怎麼組成的？漂亮的衣服又是怎麼組成的呢？

在好幾個世紀以前，許多科學家也正為此苦惱，而在尋求著答案呢！到底這些東西的組成物質是什麼呢？

古希臘哲人亞里斯多德首先提出了見解，他認為物質的組成就是土、空氣、火及水。但到了西元1774年卜利士力利用了凸透鏡將陽光會聚在氧化汞上，分解出氧氣及汞兩種物質，又進一步證實了物質可能由兩種以上的物質組成起來。又過了幾年，西元1783年，法國科學家拉瓦節利用氫氣與氧氣燃燒生成水，並在西元1789年提出：元素是組成物質的最小單位。

當這樣的學說漸漸被大家給認可的同時，在西元1803年被英國科學家道耳頓定義，他認為，物質是由不可再分割的原子組成。

但是，原子真的已經是最小的單位了嗎？其實不然，近代的科學家又發現原子內還可以再分割出電子（湯姆森發現）、質子（拉塞福發現）、中子（查兌克發現）等。

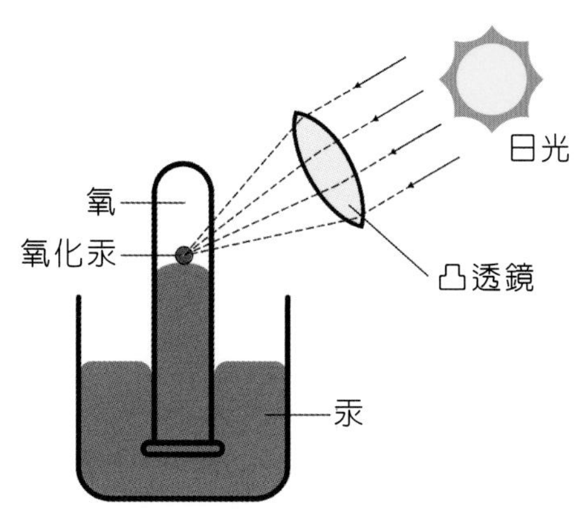

㈡物質＝物體？

許多同學常常搞不清楚，「物質」跟「物體」到底有什麼差別呢？簡單來說，物體就是由物質所組成的，舉幾個例子來說明一下吧！「衛生紙」是由「紙漿纖維」組成，我們說「衛生紙」是物體，而「紙漿纖維」是物質；「鐵湯匙」是由「鐵」組成，我們說「鐵湯匙」是物體，而「鐵」是物質；「玻璃杯」是由「玻璃」組成，我們說「玻璃杯」是物體，而「玻璃」是物質；以此類推。因此，物體具有一定的形態，而物質則是組成這些物體的原料。

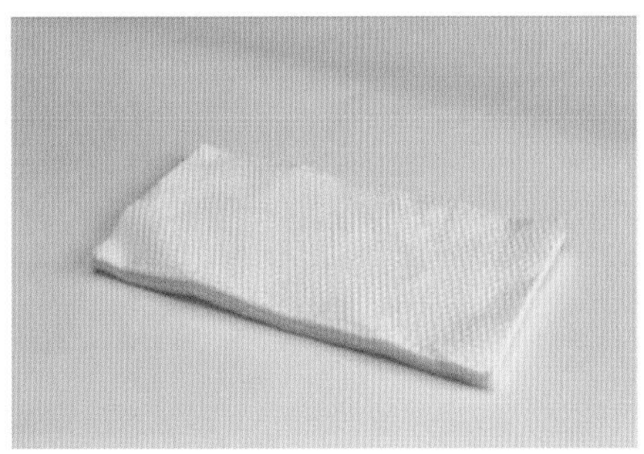

㈢物質的形態

好奇怪！是誰偷喝了我的水？

你在生活中有沒有過這樣的經驗呢？放在桌上的一杯水，居然莫名其妙變少了！其實不是有小偷偷喝了你的水啦，而是液態水蒸發成了水蒸氣，變成了氣態水漂浮在空氣中！水分子並沒有不見喔，只是形態改變了！

除了液態、氣態外，水還能變成固態呢！例如：夏天到了，天氣好熱喔！我們把保特瓶內裝八分滿的水，放到冷凍庫中，幾個小時後，它就結冰了！結冰的狀態就是水的固態啦！這樣，同學們瞭解了嗎？

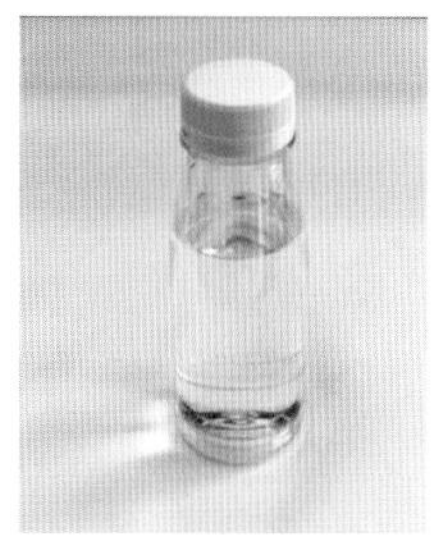
液態水

固態水

液態水 + 氣態水

只有水有三態的變化嗎？當然不是囉！大部分的物質都有三態——氣態、液態、固態的變化，只是因為所需要的溫度太高或太低，我們不常看到這些物質其它型態的變化，例如：常溫下的氮氣是氣態，但液態時卻是－196℃以下。哇！這麼低的溫度可是會把人給凍傷的，所以若不是特殊的需要，我們是很少使用到液態的氮喔！

還有金屬的打造，平常常看到的鋼杯、湯匙、鍋子等這些金屬製品，為了要塑形，而將金屬塊熔成上百度的高溫液態後，再塑造成各式各樣的容器及用具等。還有火山及地球內部的岩漿，也含有許多的液態金屬及液態非金屬喔！這麼高溫的液態物質，可是無法輕易接觸的呢！

㈣物質的分類

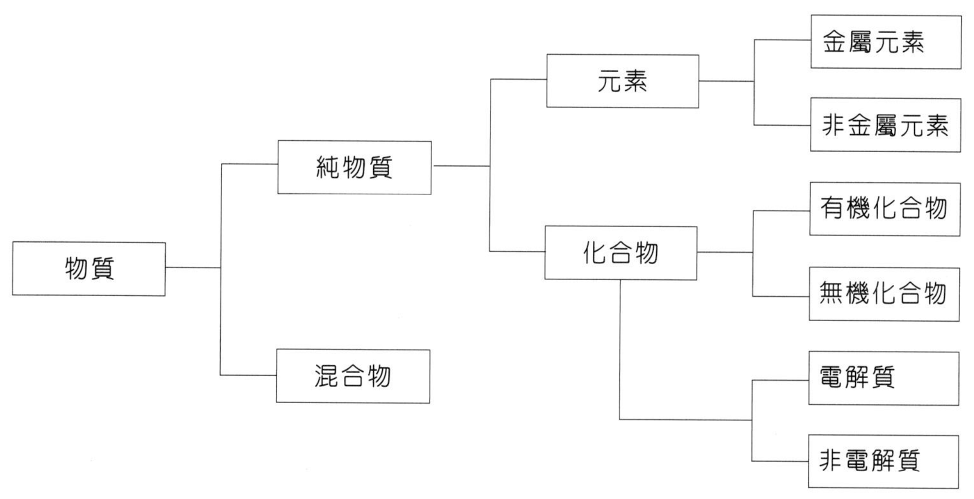

可以組成物體的物質種類眾多，有的物質是「純物質」，有的則是「混合物」，那到底要如何區分呢？

我們先來說明一下什麼是「純物質」吧！「純物質」其實還可以再分成「元素」和「化合物」呢！「元素」部分有：金（Au）、銀（Ag）、銅（Cu）、鐵（Fe）、碳（C）、氫（H）、氧（O）等；而「化合物」部分則有：水（H_2O）、二氧化碳（CO_2）、氯化鈉（NaCl）、葡萄糖（$C_6H_{12}O_6$）等。

氫（H_2）＋氧（O_2）→水（H_2O）
【元素】　【元素】　【化合物】

各位同學有發現「元素」和「化合物」彼此之間有什麼關聯性嗎？舉例來說，例如：水（H_2O）這個「化合物」就是由2個氫（H）元素及1個氧（O）元素所化合而成的，而葡萄糖（$C_6H_{12}O_6$）這個「化合物」就是由6個碳（C）元素、12個氫（H）元素及6個氧（O）元素所化合而成的。雖然化合物由元素組成，但化合物的本質和所組成的元素截然不同。而這些「元素」和「化合物」都還只是屬於「純物質」的範圍喔！

那到底什麼是「混合物」呢？「混合物」簡單來說，就是「純物質」的混合。舉例說明，一杯葡萄糖水，就是將葡萄糖加入水中後並完全溶解，此時葡萄糖（$C_6H_{12}O_6$）及水（H_2O）這兩種「純物質」混合在一起而成為的「糖水」就是「混合物」了。與化合物不同的是：混合物的成分仍保有其本質，混合物的性質，即為成分中各物質性質的總和。生活中，還有其他「混合物」嗎？其實可多著呢！例如：「空氣」中就混有許多種類的氣體如氮氣（N_2）、氧氣（O_2）、二氧化碳（CO_2）等，平常同學們所愛喝的各式「飲料」，如：奶茶、汽水、果汁也都是屬於「混合物」喔！

㈤元素

前面提到了許多化學元素符號，有沒有覺得很陌生呢？在國小時，很少聽過元素符號，頂多在廣告或電視中聽過H_2O是水、CO_2是二氧化碳，其他應該就沒什麼印象了吧！同學們一定很緊張，那前面提到的這些元素符號都要學起來嗎？是的，沒錯！因為化學反應中涉及了很多的元素交換，如果不會元素符號的話，你又怎麼寫得出化學反應式呢？就好像各位同學在學數學的＋－×÷之前，是不是要先學會1～100的數字呢？這是一樣的道理喔！

現在就來為大家介紹一些常用的「金屬元素」和「非金屬元素」以及它們的特性囉！

1. 金屬元素

⑴ 金（Au）

延展性最好的金屬，呈金黃色光澤。因不易起反應，也不易生鏽，可作為飾品，也常用於電子產業，作為抗腐蝕的導線。

金飾

銀飾

(2) 銀（Ag）

導電性及導熱性最好的金屬，呈銀白色光澤。可作為飾品，但銀易與硫化氫（H_2S）氣體反應生成黑色斑點的硫化銀（Ag_2S）。照相底片及印相紙上的感光材料也含有銀的化合物——溴化銀（AgBr）或氯化銀（AgCl）。

(3) 鐵（Fe）

鐵可說是日常生活中使用最廣泛的金屬，呈銀白色光澤。金屬常加入其他物質形成合金，如：生鐵、熟鐵、鋼。「生鐵」因含碳量較多，質硬且脆，適合鑄造，又稱「鑄鐵」。「熟鐵」因含碳量少，適合高溫鍛燒，又稱「鍛鐵」。而「鋼」含碳量介於兩者之間，若再加入鎳、鉻，則為「不鏽鋼」（Stainless Steel）。

不鏽鋼

(4) 銅（Cu）

導電性及導熱性第二的金屬，呈紅色光澤，常用於導線及電器用品。另有黃銅、青銅及白銅，黃銅是銅、鋅合金，青銅是銅、錫合金，白銅是銅、鎳合金。

⑸ 鋁（Al）

地殼中含量第三的元素，也是含量第一的金屬元素，呈銀白色光澤。易與氧反應，但產生的氧化鋁（Al_2O_3）緻密不易脫落，反而可保護內部金屬不易氧化。且鋁密度小，質輕堅硬，可用於製造飛機的材料。

⑹ 鎢（W）

熔點最高的金屬（約3415℃）。因堅硬不易熔化，可作為燈泡中的燈絲。碳化鎢很堅硬，常用來作為切割、研磨、鑽孔的工具。

⑺ 汞（Hg）

常溫下唯一的液態金屬元素，俗稱「水銀」，呈銀白色。常用於溫度計及氣壓計的使用，日光燈管中也有微量的汞蒸氣。水銀電池中也含有汞，因為汞有毒性，含汞物品使用完畢，務必好好保存或回收。

⑻ 鈦（Ti）

質輕耐腐蝕的金屬，呈銀白色光澤，常運用於航太科技及人工關節上。二氧化鈦（TiO_2）呈白色粉末狀，俗稱「鈦白粉」，常用於油漆、立可白、修正帶等。

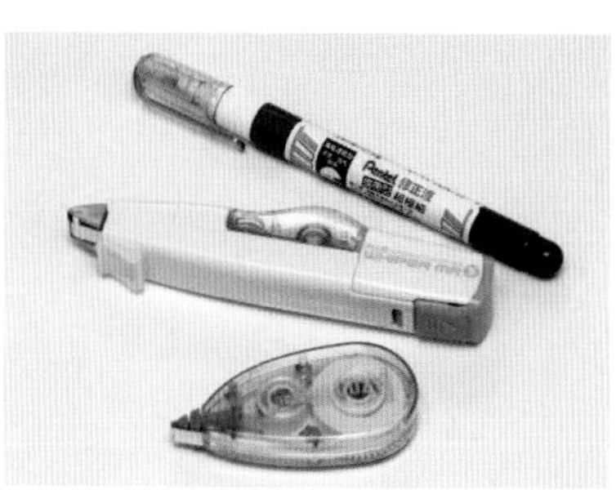

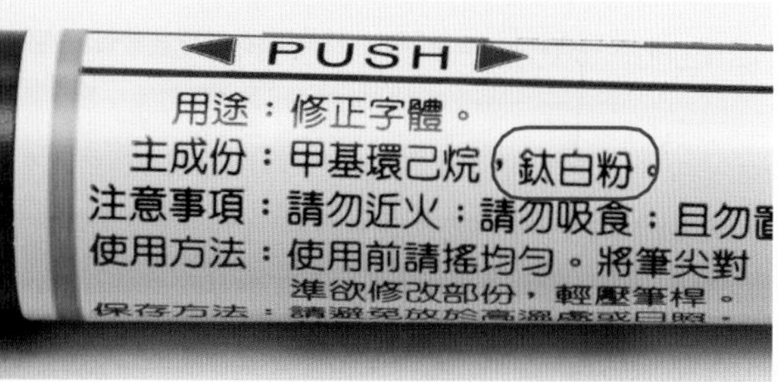

2. 非金屬元素

(1) 氧（O）

地殼中含量第一的元素。氧氣（O_2）也是生物不可或缺的氣體，在空氣中約占21%。

(2) 矽（Si）

地殼中含量第二的元素，常以二氧化矽（SiO_2）的化合物形態存在於砂石之中。矽是電晶體和玻璃中最主要的成分。

(3) 碳（C）

石墨及鑽石都是碳元素所構成的。石墨是黑色的，俗稱「黑鉛」，是唯一可導電的非金屬元素，常用於乾電池的正極、鉛筆芯。鑽石是透明無色的，是最堅硬的物質。

鑽石

(4) 硫（S）

黃色固體，可製造硫酸及火藥。俗稱「硫磺」，常見於火山及溫泉區。

㈥空氣的組成

空氣是混合物，因為混合了多種的氣體，含量最多的氮氣（N_2）約占78%，含量次多的氧氣（O_2）約占21%，氬氣（Ar）含量第三多約占0.9%，其餘氣體如：二氧化碳（CO_2）、水氣（H_2O）、臭氧（O_3）、氦氣（He）、氖氣（Ne）等約占0.1%。

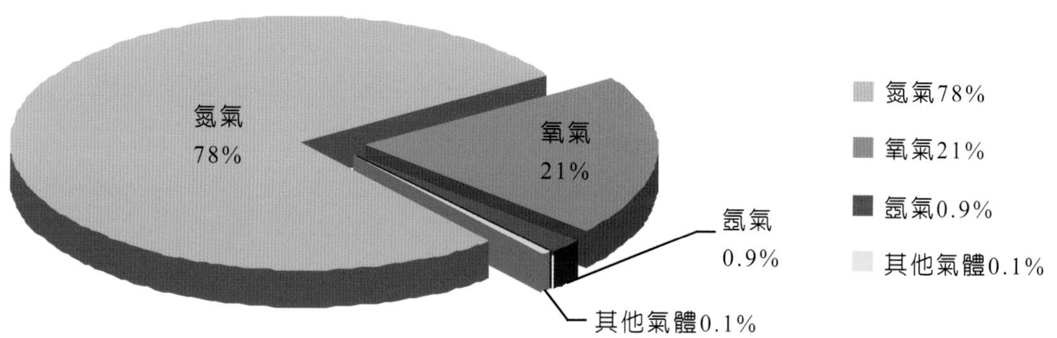

(七)原子的內部：電子、質子、中子

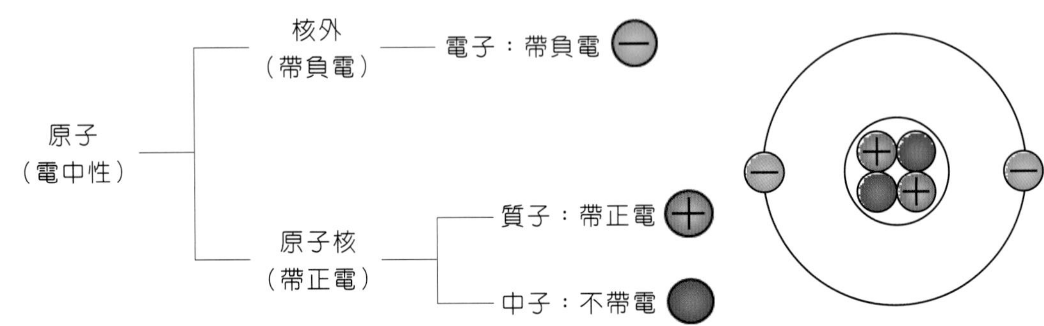

▲以上為氦（He）原子的結構示意圖

西元1803年，英國科學家道耳頓提出「原子說」，認為物質是由不可再分割的原子組成。但到了現代的科學家陸續發現，原來原子還可以再分割為電子、質子、中子等，並非不可再分割。

1. 1897年——湯姆森發現帶負電的「**電子**」。
2. 1911年——拉塞福由實驗推論出原子內部的所有質量幾乎集中在中心點上，並稱此中心點為原子核，原子核帶正電，體積極小，半徑僅原子半徑的10^{-5}倍，而帶負電的電子圍繞在原子核外。
3. 1919年——拉塞福發現帶正電的「**質子**」。
4. 1932年——查兌克發現不帶電的「**中子**」。

二、酸、鹼、鹽

㈠電解質

「剛剛體育課的那場球賽好過癮喔！流了好多汗，我們趕快去福利社買一罐運動飲料，補充一下電解質吧！」每到體育課結束時，常常會聽到同學們這樣說吧！那到底「電解質」是什麼呢？其實「電解質」是指化合物溶於水後會分解成帶正電及帶負電的帶電粒子，成為可以導電的溶液，又可稱這些帶電粒子為「離子」。

常見的「電解質」有哪些呢？其實可分為酸、鹼、鹽三大類。「酸類」電解質有硫酸（H_2SO_4）、硝酸（HNO_3）、鹽酸（HCl）、醋酸（CH_3COOH）等。「鹼類」電解質有氫氧化鈉（$NaOH$）、氫氧化鉀（KOH）、氫氧化鈣（$Ca(OH)_2$）、氨水（NH_4OH）等。「鹽類」電解質有氯化鈉（$NaCl$）、硝酸鉀（KNO_3）、碳酸鈉（Na_2CO_3）、碳酸氫鈉（$NaHCO_3$）等。但是，以上所提及的「電解質」，大多是不可食用的化學用品，可食用的如：食鹽（氯化鈉$NaCl$）、小蘇打（碳酸氫鈉$NaHCO_3$）等。

前面提到說，「電解質」的水溶液可解離出帶正電及帶負電的「離子」。那這些電解質是如何解離的呢？我們就拿酸、鹼、鹽各一項電解質來舉例說明吧！鹽酸（HCl）、氫氧化鉀（KOH）、食鹽（氯化鈉NaCl）的解離情形如下：

$$HCl \longrightarrow H^{+} + Cl^{-}$$

（正離子）（負離子）

$$KOH \longrightarrow K^{+} + OH^{-}$$

（正離子）（負離子）

$$NaCl \longrightarrow Na^{+} + Cl^{-}$$

（正離子）（負離子）

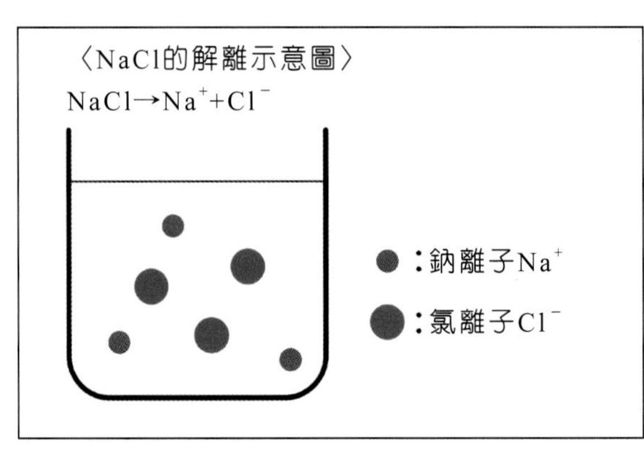

在解離程度上，還有強弱之分。「強電解質」指的是，在水中解離程度較大，例如：鹽酸（HCl）、氫氧化鈉（NaOH）、氯化鈉（NaCl）等；「弱電解質」指的是，在水中解離程度較小，例如：醋酸（CH_3COOH）、碳酸氫鈉（$NaHCO_3$）等。

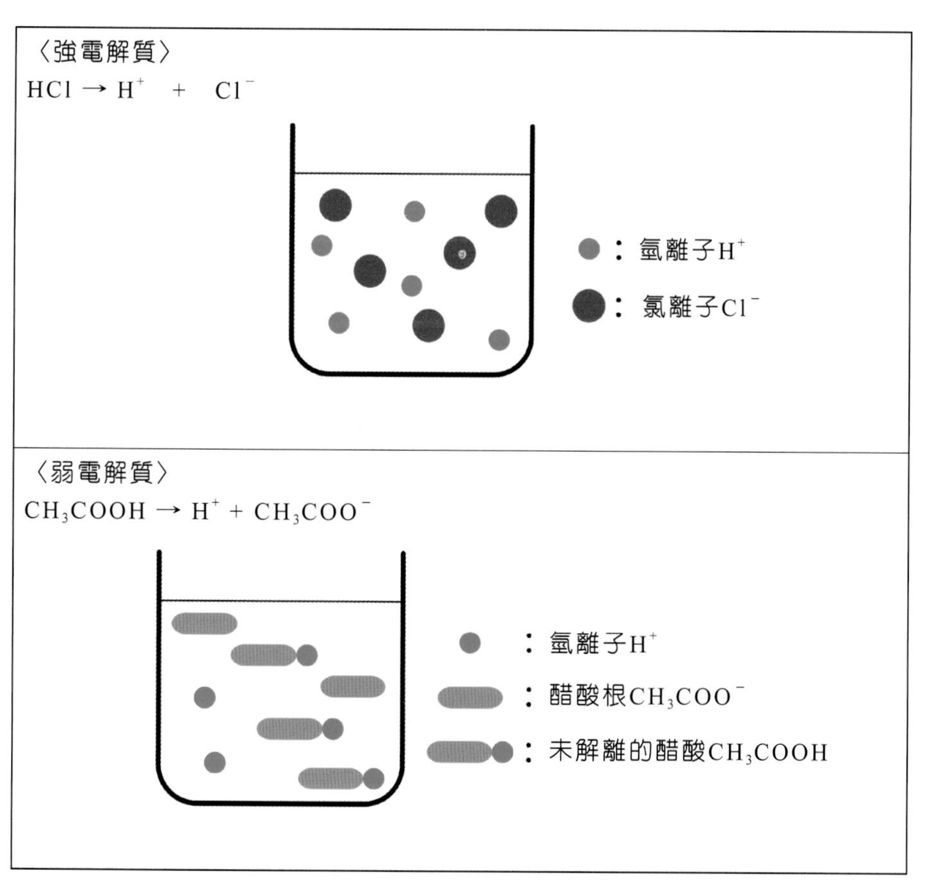

㈡常見的酸類

1. 酸的特性

(1)溶於水可解離出氫離子H^+，故為酸性的電解質。

(2)酸性溶液使用石蕊試紙檢驗酸鹼性時，呈紅色。酚酞呈無色。

(3)酸性溶液與碳酸鈣（$CaCO_3$）反應時，可生成二氧化碳（CO_2）。

(4)酸性溶液與鉀、鈉、鎂等金屬反應，可產生氫氣（H_2）。

2. 常見的酸

(1) 硫酸（H_2SO_4）

無色油狀液體，是一種極強的酸，具腐蝕性、強脫水性。硫酸又稱「化學工業之母」，可用來生產許多化學工業製品。稀釋濃硫酸時，會有大量的熱釋放出來，一定要將濃硫酸慢慢地加入水中，並用玻棒輕輕攪拌才可以喔！

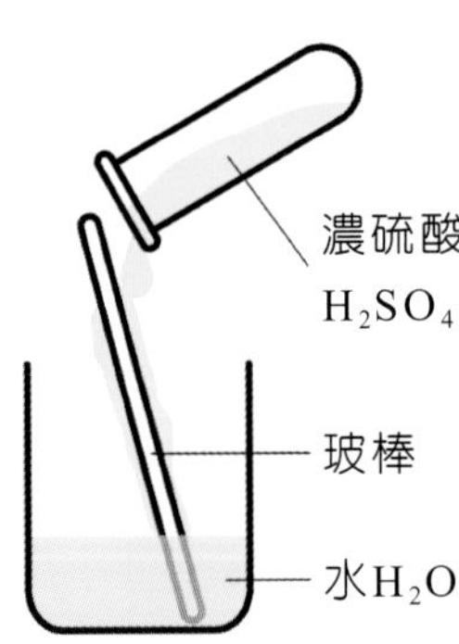

(2) 硝酸（HNO_3）

無色液體，一般存放於棕色瓶中，因硝酸照光時，易分解出紅棕色的二氧化氮（NO_2）氣體。硝酸又稱「國防工業之母」，可用於製造黃色炸藥及火藥。

(3) 鹽酸（HCl）

氯化氫水溶液無色液體，具有刺激性酸味，人體胃酸中的主要成分也是鹽酸，鹽酸亦使用於家庭清潔劑上，用於清除馬桶尿垢等。

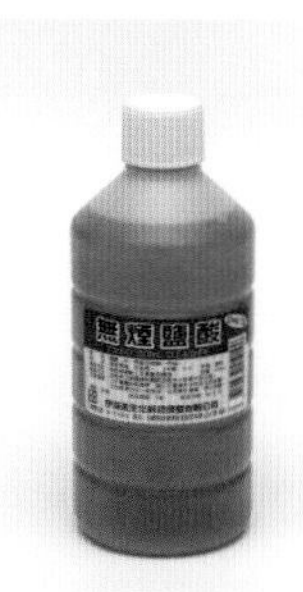

(4) 醋酸（CH_3COOH）

無色液體，具有刺激性酸味，學名是「乙酸」，在食用醋中約有3～5%的乙酸。純醋酸的凝固點約為16℃，因此冷卻時，很容易凝固，所以又稱為「冰醋酸」。

3. 常見的酸性物質解離反應式

(1)硫酸 $H_2SO_4 \rightarrow 2H^+ + SO_4^{2-}$

(2)硝酸 $HNO_3 \rightarrow H^+ + NO_3^-$

(3)鹽酸 $HCl \rightarrow H^+ + Cl^-$

(4)醋酸 $CH_3COOH \rightleftharpoons H^+ + CH_3COO^-$ 註

註：醋酸為弱電解質，故此處以「雙箭頭」表示。

(三)常見的鹼類

1. 鹼的特性

(1)溶於水可解離出氫氧根離子OH^-，故為鹼性的電解質。

(2)鹼性溶液使用石蕊試紙檢驗時呈藍色。酚酞呈紅色。

(3)鹼性溶液可溶解油脂，摸起來有滑膩感。

2. 常見的鹼

(1) 氫氧化鈉（NaOH）

白色固體，具腐蝕性，易吸收水氣和CO_2而潮解，俗稱「苛性鈉」或「燒鹼」，常拿來當作水管疏通劑使用。

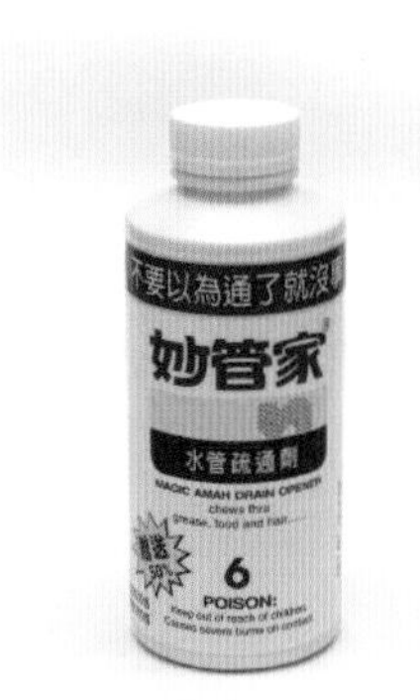

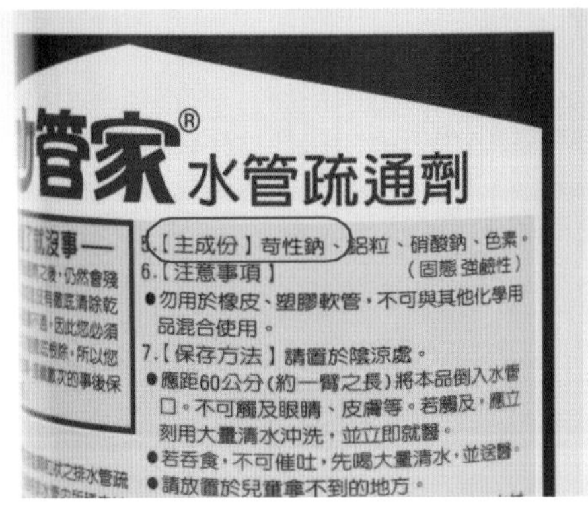

⑵ 氧化鈣（CaO）

白色固體，俗稱「石灰」或「生石灰」，常用來當作乾燥劑的原料。

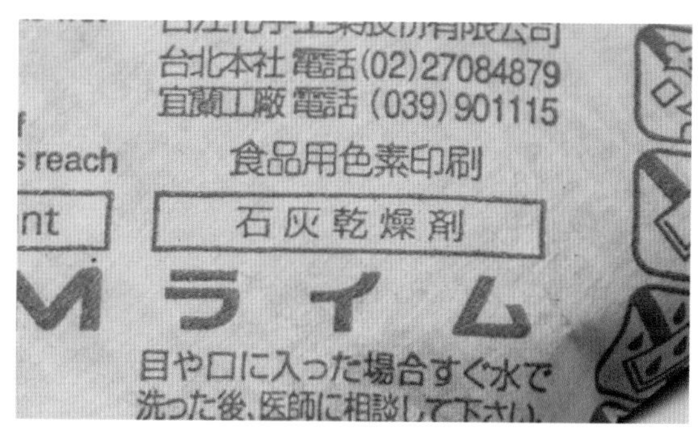

⑶ 氫氧化鈣（$Ca(OH)_2$）

白色固體，俗稱「熟石灰」。氧化鈣（CaO）溶於水中形成氫氧化鈣（$Ca(OH)_2$）溶液，俗稱「石灰水」。石灰水溶液常用來檢驗二氧化碳的存在，若將二氧化碳通入澄清的石灰水中就會形成碳酸鈣而呈白色混濁狀。大量吹氣後會生成碳酸氫鈣而再澄清。

⑷ 氨水（NH_4OH）

無色液體，具有刺激性臭味，弱鹼性，可用來中和被蚊蟲叮咬後的紅腫。

3. 常見的鹼性物質解離反應式

(1)氫氧化鈉 $NaOH \rightarrow Na^{+} + OH^{-}$

(2)氫氧化鈣 $Ca(OH)_2 \rightarrow Ca^{2+} + 2\ OH^{-}$

(3)氨水 $NH_4OH \rightleftharpoons NH_4^{+} + OH^{-}$

(四)常見的鹽類

1. 鹽類的特性

(1)酸和鹼反應，可產生鹽和水。

如：$HCl + NaOH \rightarrow NaCl + H_2O$

（酸 ＋ 鹼 → 鹽 ＋ 水）

(2)鹽類水溶液有些是中性，如：氯化鈉（$NaCl$）、硝酸鉀（KNO_3）。

(3)鹽類水溶液有些偏鹼性，如：碳酸鈉（Na_2CO_3）、碳酸氫鈉（$NaHCO_3$）。

(4)鹽類水溶液有些偏酸性，如：氯化銨（NH_4Cl）、硫酸銨（$(NH_4)_2SO_4$）。

2. 常見的鹽類

(1) 氯化鈉（NaCl）

無色晶體，水溶液呈中性，俗稱「食鹽」，海水中含有氯化鈉，所以在海邊戲水不小心喝到時，總令人覺得鹹鹹的。

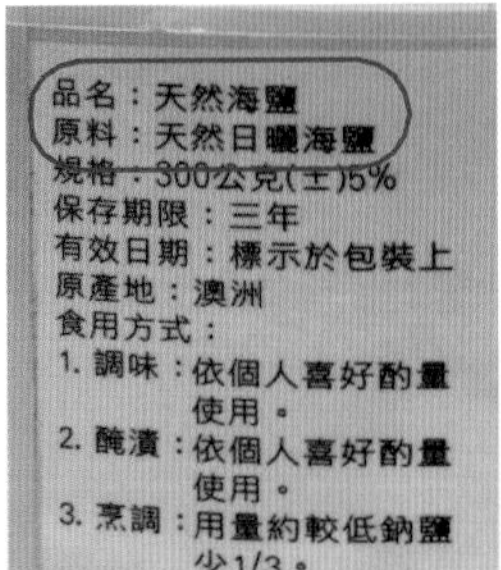

(2) 碳酸鈉（Na_2CO_3）

白色粉末，水溶液呈弱鹼性，俗稱「蘇打」，又叫「洗滌鹼」，可用來當清潔劑。

(3) 碳酸氫鈉（$NaHCO_3$）

白色粉末，水溶液呈弱鹼性，俗稱「小蘇打」，又叫「焙用鹼」，可用來做麵包及餅乾，因為碳酸氫鈉遇熱會分解出二氧化碳（CO_2），使麵包內部蓬鬆。

(4) 硫酸鈣（$CaSO_4$）

白色固體，難溶於水，為「石膏」主要成分。

(5) 碳酸鈉（$CaCO_3$）

白色固體，難溶於水，為石灰岩、貝殼、蛋殼等主要成分。

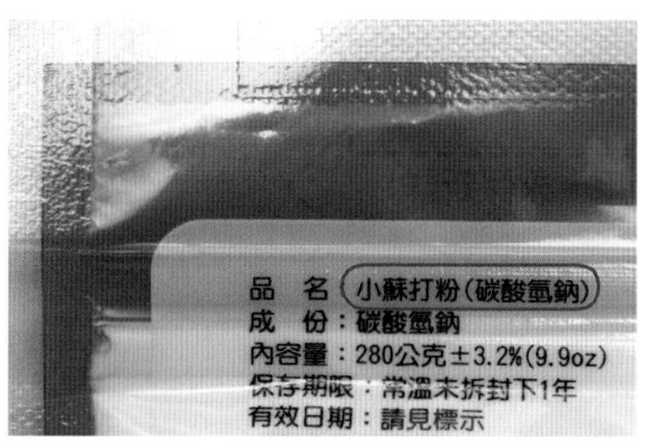

3. 常見的鹽類物質解離方程式

(1)氯化鈉 $NaCl \rightarrow Na^{+} + Cl^{-}$

(2)碳酸鈉 $Na_2CO_3 \rightarrow 2\ Na^{+} + CO_3^{2-}$

(3)碳酸氫鈉 $NaHCO_3 \rightleftharpoons Na^{+} + HCO_3^{-}$

(4)硝酸鉀 $KNO_3 \rightarrow K^{+} + NO_3^{-}$

(5)氯化銨 $NH_4Cl \rightarrow NH_4^{+} + Cl^{-}$

(6)硫酸銨 $(NH_4)_2SO_4 \rightarrow 2\ NH_4^{+} + SO_4^{2-}$

三、有機化合物

(一)有機化合物VS.無機化合物

在國中階段，我們將大多數含碳元素的化合物，稱為「有機化合物」，例如：葡萄糖（$C_6H_{12}O_6$）、醋酸（CH_3COOH）、酒精（C_2H_5OH）等。而不含碳元素的化合物，則稱為「無機化合物」，例如：氯化鈉（NaCl）、硝酸鉀（KNO_3）等。但有些例外的含碳化合物亦歸類於「無機化合物」中，如：CO、CO_2、$CaCO_3$、Na_2CO_3、NaCN等。

「有機化合物」的種類繁多，有「碳氫化合物」中的烷（ㄨㄢˊ）類、烯類、炔類等及「碳氫氧化合物」中的醇類、有機酸類、酯類、醣類等。

首先來介紹「碳氫化合物」，所謂「碳氫化合物」就是只含有碳（C）元素及氫（H）元素的化合物，又可簡稱為「烴」（ㄊㄧㄥ），有「烷類」、「烯類」、「炔類」等。

烷類如甲烷（CH_4）、乙烷（C_2H_6）等。這類碳氫化合物通常碳數愈少，呈現氣態，碳數愈多，則呈現液態，甚至是固態。一般使用的天然氣主要成分就是甲烷（CH_4），而桶裝瓦斯主要成分則是丙烷（C_3H_8）。

天然氣含甲烷（CH_4）

桶裝瓦斯含丙烷（C_3H_8）

其次，「碳氫氧化合物」內所含的種類就更多了，有「醇類」、「有機酸類」、「酯類」、「醣類」等。

醇類（$C_nH_{2n+1}OH$）是為將烷類其中的1個H，以「$-OH$」（羥基）取代，如甲醇（CH_3OH，木精）、乙醇（C_2H_5OH，酒精）等。一般所喝的酒類飲料，就是添加了乙醇（C_2H_5OH）。甲醇不可食用，用於工業上所使用的酒精因為摻入甲醇，又稱為「工業酒精」，若不慎飲用，可能會導致失明，甚至死亡的危險。

有機酸類（$C_nH_{2n+1}COOH$）是將烷類的1個H，以「$-COOH$」（羧ㄙㄨㄛ基）取代，如甲酸（HCOOH，蟻酸）、乙酸（CH_3COOH，醋酸）等。甲酸存在於某些昆蟲體內，若被此類昆蟲叮咬，會有發癢的症狀。乙酸則是醋酸，有刺激性的氣味，在我們食用醋中也含有約3～5%的乙酸。

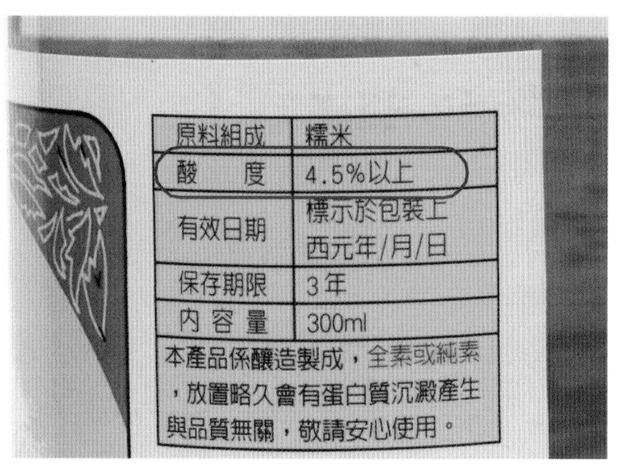

原料組成 糯米
酸 度 4.5%以上
有效日期 標示於包裝上 西元年/月/日
保存期限 3年
內 容 量 300ml
本產品係釀造製成，全素或純素，放置略久會有蛋白質沉澱產生與品質無關，敬請安心使用。

酯類如乙酸乙酯（$CH_3COOC_2H_5$）、乙酸戊酯（$CH_3COOC_5H_{11}$）等。酯類具有特殊的氣味，大多是水果香氣。一般動、植物的油脂也是酯類，為脂肪酸甘油酯。

醣類如葡萄糖（$C_6H_{12}O_6$）、蔗糖（$C_{12}H_{22}O_{11}$）等，均相當常見，為光合作用的產物。

(二)聚合物

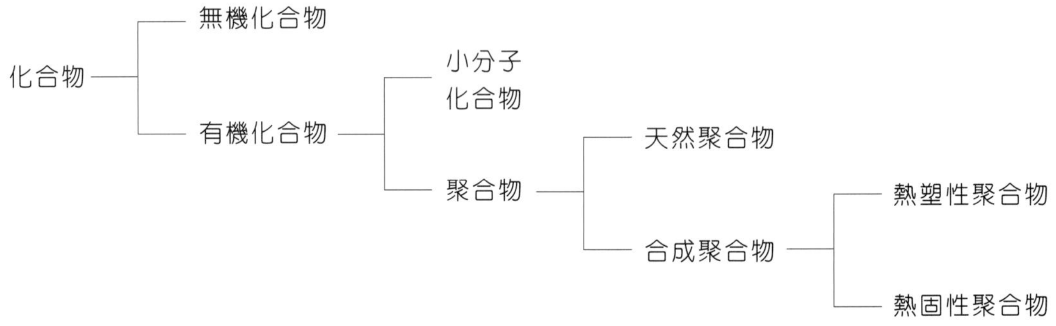

認識完簡單的有機物後，我們再來探究一下有機物的延伸吧！我們日常生活所使用到的物品中有許多的有機物，但這些有機物是怎麼來的呢？是天然的嗎？還是合成的呢？使用完後的這些有機物垃圾可回收再利用嗎？以下就要為各位同學好好地介紹一下啦！

在介紹之前，大家先要來認識一個名詞，叫做「聚合物」，「聚合物」是由許多單體小分子所組成的一個較巨大的化合物，又稱為「高分子化合物」。

聚合物若以來源區分的話，可分為「天然聚合物」及「合成聚合物」。「天然聚合物」即是由天然的動、植物身上取得的，如：蛋白質、澱粉、纖維素、天然橡膠、核酸等組成較複雜。「合成聚合物」就是由人工合成的方法製作而成，如：寶特瓶、塑膠袋、輪胎等。

「合成聚合物」再以構造來細分的話，可分為「熱塑性聚合物」及「熱固性聚合物」。「熱塑性聚合物」又可稱為「鏈狀聚合物」，這類聚合物組成的狀態是鏈狀的，加熱時會變軟或熔化，因此可再重新塑形，也可說是較環保的合成聚合物，可回收再利用，如：寶特瓶、保麗龍、聚氯乙烯、聚丙烯等。另一類「熱固性聚合物」又可稱為「網狀聚合物」，這類聚合物組成的狀態是網狀的，加熱時不易軟化，因此無法重新再塑形，也算是較不環保的合成聚合物，較無法回收再重製，如：輪胎、玻璃纖維等。

同學們，以上聚合物介紹完畢後，有沒有覺得很奇怪，既然熱固性聚合物這麼不環保，較無法回收再製，為何要有這類聚合物的存在呢？請聰明的同學們試想一下，如果今天爸爸開車時所使用的的輪胎改用熱塑性聚合物可以嗎？答案是：這樣非常危險喔！為什麼呢？因為，當開車時，輪胎與地面磨擦產生熱，可能會導致軟化變形；若緊急煞車時，瞬間產生更高的溫度，也許會讓整個車輪胎都熔化掉了呢，那豈不是很危險嗎？

㈢聚合物之分類回收

以下為美國塑膠工業協會的塑膠分類代碼，有助於大家認識塑膠並分類回收再利用。

塑膠分類	聚合物縮寫&名稱	用途&特性
1 PET	PET 聚對苯二甲酸乙二酯	適用於一般寶特瓶 耐熱60～85℃並耐酸鹼
2 HDPE	HDPE 高密度聚乙烯	適用於鮮奶瓶、杯座等 耐熱90～110℃並耐酸鹼
3 PVC	PVC 聚氯乙烯	適用於保鮮膜等 耐熱60～80℃， 過熱易釋放有毒物質
4 LDPE	LDPE 低密度聚乙烯	適用於一般塑膠袋 耐熱70～90℃並耐酸鹼
5 PP	PP 聚丙烯	適用於一般食品餐具 耐熱100～140℃並耐酸鹼
6 PS	PS 聚苯乙烯	俗稱「保麗龍」 適用於冰淇淋盒、泡麵碗 耐熱70～90℃並耐酸鹼
7 OTHER	OTHER 其他類	PC聚碳酸酯：耐熱至140℃ PLA聚乳酸：可完全分解 CPE氯化聚乙烯：耐候性佳

結語

這個單元主要是介紹各式各樣的物質，許多的化學物質及符號，同學們應該都是第一次接觸到，也許會覺得陌生，難以學習，但是千萬不要因此退縮，還是可以慢慢來的，先從透過生活周遭使用的物品，試著猜猜它們是由什麼物質組成的呢？喝飲料時，試著看看包裝上的成分裡面有哪些我們學過的化學物質；吃泡麵時，包裝袋上標示的原料又有哪些呢？再看看家裡的腳踏車，到底需要多少不同種類的物質，才能組裝完成。相信這樣循序漸進的學習之下，同學們一定會漸漸感受到這個單元有趣之處了！

這個單元，還要注意到「元素」與「化合物」之間的關係！例如碳（C）是元素、氧（O）是元素，而二氧化碳（CO_2）則是化合物。學好它們，我們就可以準備邁入下一章去瞧瞧「隱藏在生活中的化學反應」囉！

本章容易犯錯的地方與注意事項：

以下幾點，各位同學都分清楚了嗎？

◎物質VS.物體。

◎元素VS.化合物。

◎有機化合物VS.無機化合物。

◎酸、鹼、鹽的分類。

第三章

隱藏在生活中的化學反應

——對應國中自然科第三冊第二章、第四冊第一、二、三、四、五章

酸鹼中和
會產生大量的熱喔！

前言

各位同學在開始閱讀這個單元後，也許會覺得化學反應看起來很有趣，但如果要熟記，可能就會覺得好難喔！其實，剛開始學習化學反應時，不需要太緊張，你們知道嗎？它們其實一直默默地在我們的周遭發生，甚至在你正看著這本書時，身體也悄悄地在進行化學反應呢！若沒有這些化學反應，萬物就無法如此正常地生存著，甚至根本無法生存喔！

本章讀完後你會學到：

◎瞭解什麼是「化學反應」。

◎「物理變化」與「化學變化」的區分。

◎可以寫出一道標準的「化學反應式」。

◎「氧化還原」、「酸鹼中和」、「酯化反應」、「皂化反應」等，都是隱藏在生活中的「化學反應」喔！

◎「濃度」、「接觸面積」、「溫度」、「催化劑」等，都是可以影響化學反應速率的因素喔！

一、認識化學反應

(一)物理變化？化學變化？

我們常聽到自然老師在課堂上提到說：「同學們，……這是『物理變化』；……這是『化學變化』。」那到底什麼是「物理變化」？什麼是「化學變化」呢？你是不是也常常一頭霧水、搞不清楚呢？

一般來說，「物理變化」是指反應時，物質的本質沒有改變。例如：水的三態變化，從固態的冰，變成液態的水，再變成氣態的水蒸氣，此物質的本質都是水分子（H_2O）並沒有改變，只是改變了形態，就是「物理變化」。

固態的水（冰）→ 液態的水（水）→ 氣態的水（水蒸氣）

而「化學變化」是指物質中粒子彼此間因碰撞、接觸而發生原子重新排列組合，並產生新物質的過程。例如以下幾個例子：

1. 木炭（C）燃燒時與空氣中的氧氣（O_2）結合，產生二氧化碳（CO_2）。
   反應式：$C + O_2 \rightarrow CO_2$
2. 二氧化碳（CO_2）通入澄清的石灰水（$Ca(OH)_2$）中，會產生白色的碳酸鈣（$CaCO_3$）沉澱。
   反應式：$CO_2 + Ca(OH)_2 \rightarrow CaCO_3 + H_2O$

3. 無色的氯化鈣（$CaCl_2$）溶液與無色的碳酸鈉（Na_2CO_3）溶液混合反應後，會產生白色的碳酸鈣（$CaCO_3$）沉澱。

反應式：$CaCl_2 + Na_2CO_3 \rightarrow CaCO_3 + 2\ NaCl$

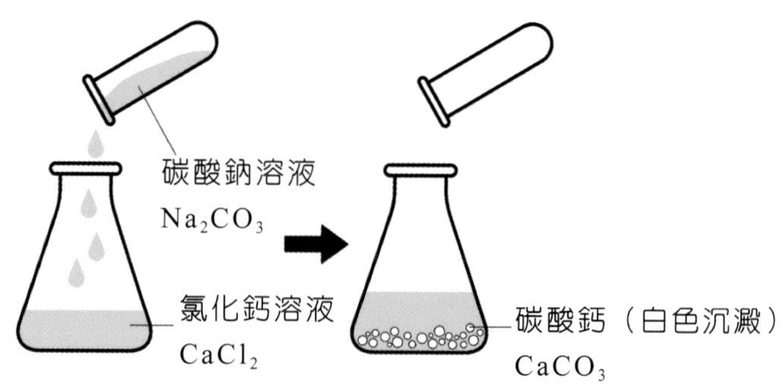

除了上述的化學變化外，同學們一定也很想知道生活中是否也有比較顯而易見的化學變化呢？事實上也是非常多的喔，例如：鐵釘生鏽、汽油燃燒、鞭炮爆炸、食物腐敗、牛奶臭酸、生米煮成熟飯、植物的光合作用等，這些都是生活中常見的例子呢！

這樣解釋過後，各位同學有沒有更了解「物理變化」和「化學變化」的差異了呢？

生米煮成熟飯是常見的化學變化

(二)質量守恆定律

再來，我們去認識一下化學反應進行時的現象——質量守恆。

西元1669年時，德國科學家貝歇爾提出了「燃素學說」，認為物質燃燒後質量之所以減輕，是因為物質本身具有的燃素在燃燒現象發生後，因為燃素耗盡，所以質量會減輕。但是這個學說，後來被法國科學家拉瓦節提出「氧化學說」給推翻了，因為「燃素學說」無法解釋某些金屬（如：鎂，Mg）等燃燒後，質量反而增加的現象。

西元1772年，法國科學家拉瓦節發表了「質量守恆定律」。他主張反應前所有物質的總質量與反應後所有物質的總質量相等。例如：12克的碳（C）與32克的氧氣（O_2）若完全燃燒，將會結合產生44克的二氧化碳（CO_2）。若將44克的二氧化碳（CO_2）通入100克的澄清的石灰水（$Ca(OH)_2$）中，則反應完成後測量質量，將會有生成物及未用完的反應物共144克，此為「質量守恆定律」。

同學們學到這裡，有沒有想多認識一些常見的化學反應式呢？以下就來介紹幾個吧！

1.光合作用（二氧化碳 + 水 → 葡萄糖 + 氧）

反應式：$6\ CO_2 + 6\ H_2O \rightarrow C_6H_{12}O_6 + 6\ O_2$

2.天然氣的燃燒（甲烷 + 氧 → 二氧化碳 + 水）

反應式：$CH_4 + 2\ O_2 \rightarrow CO_2 + 2\ H_2O$

3.瓦斯的燃燒（丙烷 + 氧 → 二氧化碳 + 水）

反應式：$C_3H_8 + 5\ O_2 \rightarrow 3\ CO_2 + 4\ H_2O$

4.乾粉滅火器滅火反應（碳酸氫鈉 → 碳酸鈉 + 二氧化碳 + 水）

反應式：$2\ NaHCO_3 \rightarrow Na_2CO_3 + CO_2 + H_2O$

㈢化學反應式的係數平衡

前面提到了好多化學反應式，此時，不知道同學們會不會有個疑問產生，為什麼有的化合物前面需要加上數字，有的卻不需要呢？其實是有原因的，我們要將一個化學反應式完整的表示出來，並不是只要列出反應物及生成物就好了，還有一些細節要注意才算完整喔，像是要符合質量守恆定律。以下就舉個簡單例子來說明一下囉！

甲烷（CH_4）的燃燒

化學反應式：$CH_4 + O_2 \rightarrow CO_2 + H_2O$（不完整）

化學反應式：$CH_4 + 2\ O_2 \rightarrow CO_2 + 2\ H_2O$（完整）

因為道耳頓的「原子說」提到，化學反應只是原子重新排列組合，反應前後的原子種類及數目都不會改變。所以以甲烷（CH_4）的燃燒來舉例的話，前面反應物中有多少C原子，生成物中也會有多少的C原子；前面反應物中有多少H原子，生成物中也會有多少的H原子，以此類推，以符合質量守恆定律。因此，我們可以此方式推算出化學反應式的係數。

若以圖示的話，也可以再次證明喔！讓我們一起看看下圖的說明吧！

化學反應式：$CH_4 \quad + \quad 2\ O_2 \quad \rightarrow \quad CO_2 \quad + \quad 2H_2O$

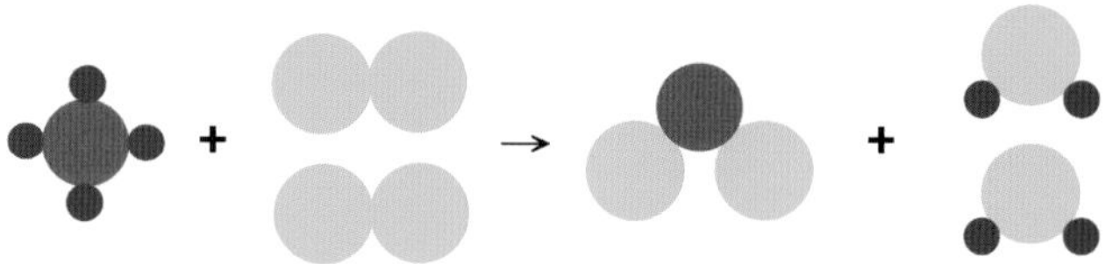

由上可知反應前後原子總數相同，符合質量守恆定律。

㈣原子量

很多同學此時一定會好奇了，究竟一顆原子質量是多少呢？那每一種元素的質量都一樣嗎？還是有的元素輕，有的元素重呢？不是只有同學有這個疑問喔！古代的科學家也很想探究這件事情，但是因為一個元素原子的質量實在是太小了，無法直接測得，所以只能用元素原子間互相比較的方式求出，此比較的值稱為「原子量」。因此，在西元1803年道耳頓首先提出了，將氫的原子量1視作標準，來推算其他的原子量，但後來陸續又有人建議改用氧的原子量16為標準，到最後至西元1961年，由國際純粹與應用化學聯合會（IUPAC）決定以碳的同位素$^{12}C=12$當作標準，並沿用至今。

以下表格列出幾項常用原子量供同學參考。

元素	原子量	元素	原子量
氫（H）	1	鈉（Na）	23
碳（C）	12	鎂（Mg）	24.3
氮（N）	14	氯（Cl）	35.5
氧（O）	16	鈣（Ca）	40
硫（S）	32	鐵（Fe）	56

(五)分子量

既然學完了原子量，聰明的同學們一定想知道，那這樣是不是就可以利用原子量來計算出「分子量」了呢？是的，因為物質還是以分子的狀態存在居多，那分子量如何計算呢？讓我們一起看看以下〈範例〉吧！

水（H_2O）的分子量＝1×2＋16×1＝18

二氧化碳（CO_2）的分子量＝12×1＋16×2＝44

以下表格列出幾項常用分子量供同學參考。

分子	分子量	分子	分子量
水（H_2O）	18	甲烷（CH_4）	16
二氧化碳（CO_2）	44	丙烷（C_3H_8）	44
氨（NH_3）	17	氯化氫（HCl）	36.5
葡萄糖（$C_6H_{12}O_6$）	180	乙醇（C_2H_5OH）	46
硫酸（H_2SO_4）	98	乙酸（CH_3COOH）	60

㈥莫耳

原子量的標準之所以會有這麼多的爭議，原因是因為一顆原子實在是太小了，不易測得真實質量。因此，為了方便大家使用及計算，科學家便提出了一個數量單位——「莫耳」，一莫耳約為6×10^{23}個粒子，又稱為「亞佛加厥數」。

莫耳與原子質量的關係究竟是什麼呢？這麼說吧！一莫耳的某原子質量就是其原子量的克數；一莫耳的某分子質量就是其分子量的克數。（莫耳質量）

例如：

1.碳（C）的原子量＝12，表示1莫耳的碳原子＝12公克，也就是6×10^{23}個碳原子就是12公克。

2.二氧化碳（CO_2）的分子量＝44，表示1莫耳的二氧化碳分子＝44公克，也就是6×10^{23}個二氧化碳分子就是44公克。

3.葡萄糖（$C_6H_{12}O_6$）的分子量＝180，表示1莫耳的葡萄糖分子＝180公克，也就是6×10^{23}個葡萄糖分子就是180公克。

以下公式也可用來計算莫耳數：

$$\text{莫耳數}=\frac{\text{質量}}{\text{原子量或分子量}}=\frac{\text{粒子數}}{6\times10^{23}}$$

數量單位	個數
一打	12個
一莫耳	6×10^{23}個

二、生活中各式的化學反應

(一)氧化還原

「咦！鐵櫃生鏽了！」喔！這是「氧化反應」發生了！

「氧化反應」是什麼呢？「氧化反應」就是物質與氧化合的反應。有的緩慢，有的快速，緩慢的氧化反應如：金屬生鏽、呼吸作用；快速的氧化反應如：燃燒、爆炸等。

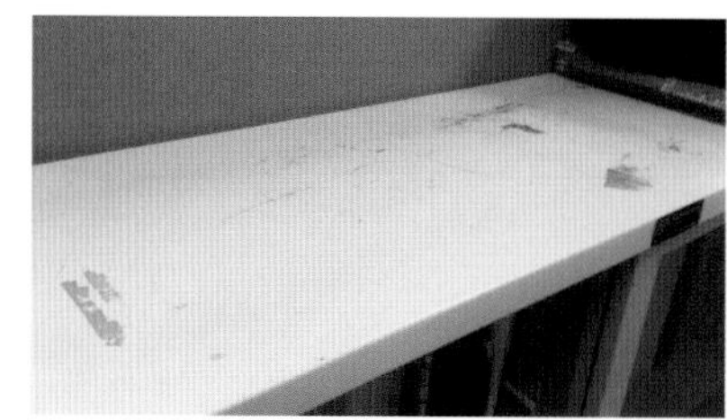
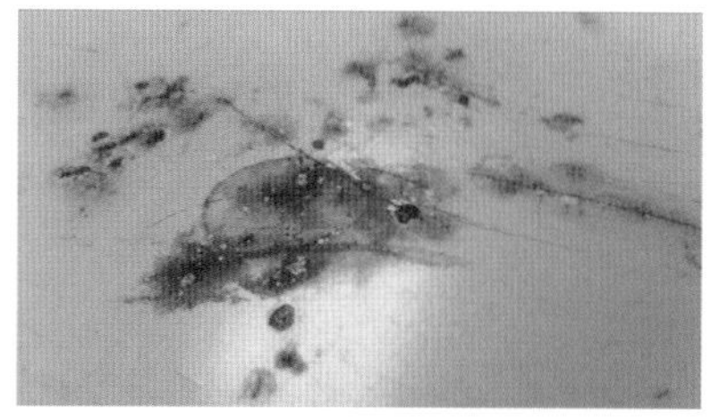

生鏽是一種氧化反應

以下為各位同學介紹幾種金屬與非金屬元素氧化時的化學反應式：

1.碳粉的燃燒（碳 + 氧 → 二氧化碳）

反應式：$C + O_2 \rightarrow CO_2$

2.硫粉的燃燒（硫 + 氧 → 二氧化硫），產生藍紫色火焰。

反應式：$S + O_2 \rightarrow SO_2$

3.鎂的氧化（鎂 + 氧 → 氧化鎂），產生強烈白光。

反應式：$2\ Mg + O_2 \rightarrow 2\ MgO$

4.鋅的氧化（鋅 + 氧 → 氧化鋅）

反應式：$2\ Zn + O_2 \rightarrow 2\ ZnO$

5.鐵的氧化（鐵 + 氧 → 氧化鐵）

反應式：$4\ Fe + 3\ O_2 \rightarrow 2\ Fe_2O_3$

第五項鐵的氧化反應，也就是「暖暖包」的生活應用喔！利用布包著鐵粉，經由搓揉或搖晃與空氣中的氧氣和水氣結合，使鐵粉進行氧化反應，進而釋放熱量，這就是我們寒流來時人手一個的「暖暖包」啦！

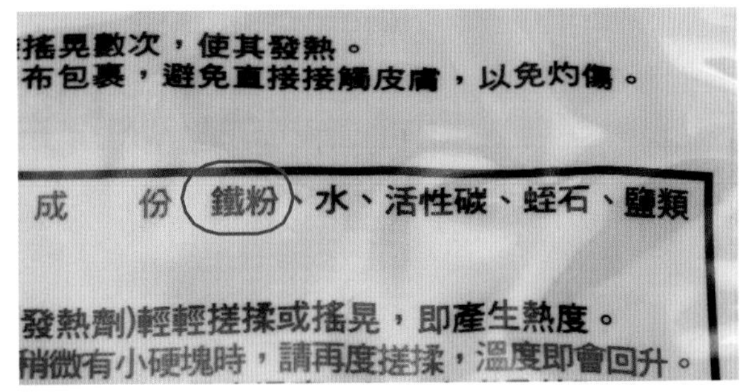

看完前述的幾個例子，同學們有注意到嗎？無論是金屬或是非金屬都有可能進行氧化反應喔！但同學們除了聽過「氧化反應」，一定也曾聽過「還原反應」，它們是同時伴隨而生的，那到底是如何進行的呢？

首先，我們先將「氧化反應」及「還原反應」的定義先搞清楚，「氧化反應」是指物質得到氧的反應；而相反的，「還原反應」則是指物質失去氧的反應。為何會說它們伴隨而生呢？因為氧化反應時得到的氧就是由還原反應所提供的。不信，就舉幾個例子給你們瞧瞧囉！

1.鎂與二氧化碳的反應（鎂 + 二氧化碳 → 氧化鎂 + 碳）

反應式：$2\,Mg + CO_2 \rightarrow 2\,MgO + 2\,C$

2.碳與氧化銅的反應（碳 + 氧化銅 → 二氧化碳 + 銅）

反應式：$C + 2\,CuO \rightarrow CO_2 + 2\,Cu$

現在讓我們來細說一下，「氧化」及「還原」究竟是如何進行的吧！

氧化反應

$$2\,Mg + CO_2 \rightarrow 2\,MgO + 2\,C$$

還原反應

當鎂（Mg）得到氧（O）時，氧化成氧化鎂（MgO）的過程，即為「氧化反應」，而二氧化碳（CO_2）失去氧（O），還原為碳（C）的過程，即為「還原反應」。另外，再延伸下去，在這個反應式中，鎂（Mg）可當作「還原劑」，而二氧化碳（CO_2）可當作「氧化劑」。這是怎麼一回事呢？因為鎂搶了二氧化碳的氧，而使二氧化碳還原成了碳，所以我們說鎂在這裡是幫助還原的「還原劑」，而二氧化碳則是把氧送給了鎂，而使鎂變成氧化鎂，因此我們說二氧化碳在這裡是幫助氧化的「氧化劑」。這樣同學們瞭解了嗎？

補充資料

(1) 元素對於氧的活性大小：

鉀＞鈉＞鈣＞鎂＞鋁＞（碳）＞鋅＞鉻＞鐵＞錫＞鉛＞（氫）＞銅＞汞＞銀＞鉑＞金

(2) 有關氧化還原反應，在反應中得到電子的元素稱「被還原」，失去電子的元素稱「被氧化」，此為氧化還原反應的廣義定義。

在工業上這樣的使用方式還真不少，例如：鐵的冶煉。鐵可以應用在日常生活中的好多物品上，可是當鐵礦開採出來時，卻不是以元素狀態存在，大多是以氧化鐵這類化合物狀態存在。商人為了要得到純的鐵，以製造更多可用商品及建材，因此便使用「氧化還原」的方式將氧化鐵還原。

$$2\ Fe_2O_3 + 3\ C \rightarrow 4\ Fe + 3\ CO_2$$

（氧化鐵 + 碳 → 鐵 + 二氧化碳）

$$Fe_2O_3 + 3\ CO \rightarrow 2\ Fe + 3\ CO_2$$

（氧化鐵 + 一氧化碳 → 鐵 + 二氧化碳）

氧化還原的例子，真是講不完啊！除了工業上，生活上還有許多「氧化劑」及「還原劑」的應用呢！

常見的「氧化劑」如：漂白劑（次氯酸鈉，NaClO）、雙氧水（過氧化氫，H_2O_2）。

常見的「還原劑」如：煤焦（C）、一氧化碳（CO）、維他命E。

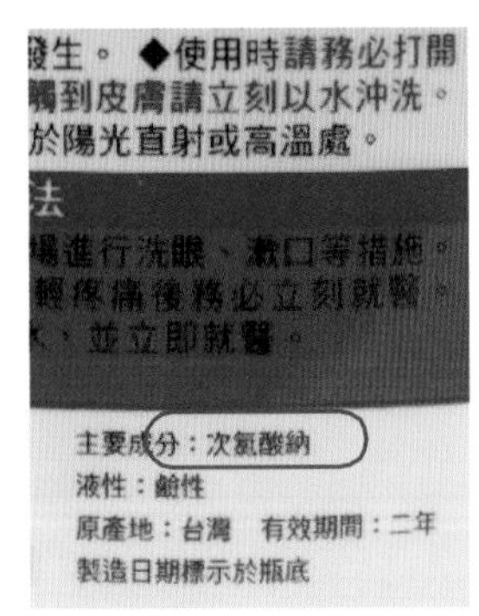

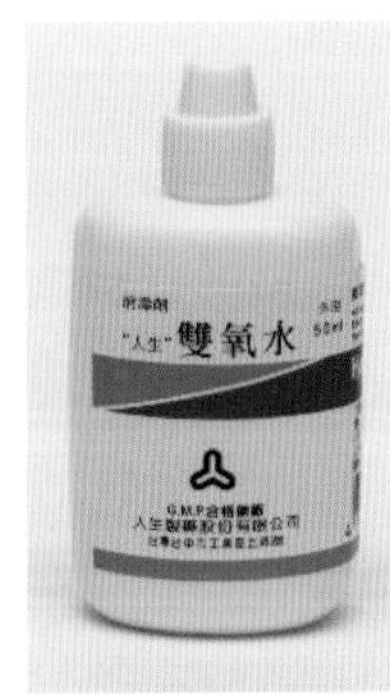

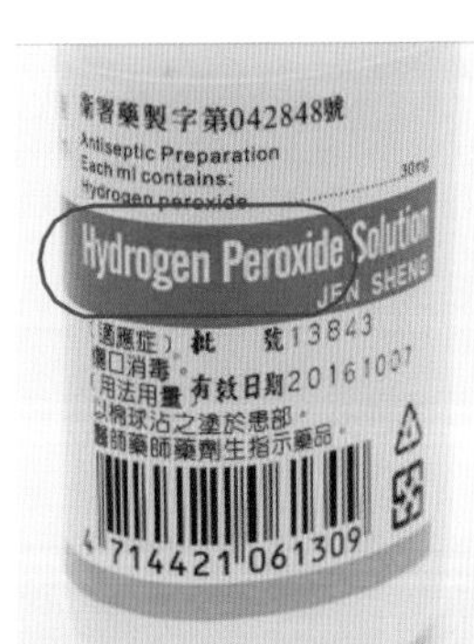

㈡酸鹼中和

什麼是「酸鹼中和」呢？其實，就如同字面上敘述地一樣，酸性物質和鹼性物質加在一起進行反應，可產生鹽和水。它們的化學反應式可以寫成：酸＋鹼 → 鹽＋水。

例如：鹽酸 + 氫氧化鈉 → 食鹽 + 水

反應式：$HCl + NaOH \rightarrow NaCl + H_2O$

各位同學，你知道嗎？事實上，在日常生活中的酸鹼中和反應應用非常多喔！例如：有些人胃酸過多導致胃痛時，通常可藉由食用鹼性的胃藥如碳酸氫鈉（$NaHCO_3$）、氫氧化鎂（$Mg(OH)_2$）、氫氧化鋁（$Al(OH)_3$）等，來中和過多的胃酸，以酸鹼中和的方式來舒緩胃痛呢！還有喔，我們去野外郊遊時，難免被一些討厭的蚊蟲、螞蟻、蜜蜂叮咬，這時小昆蟲們將甲酸注射到我們的體內，讓我們又痛又癢，此時也可以應用上酸鹼中和的方式，將小蘇打粉或肥皂水這類鹼性物質塗抹在被叮咬的地方，這樣就可以稍稍舒緩一些了喔！

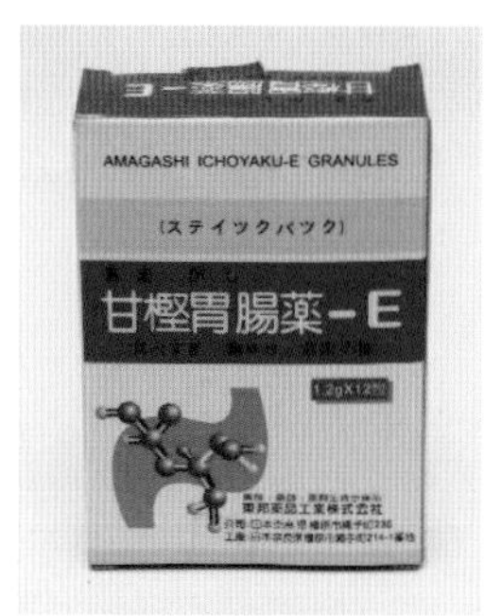

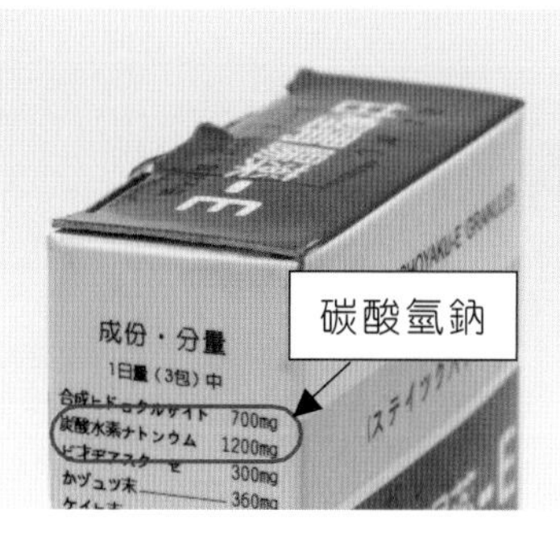

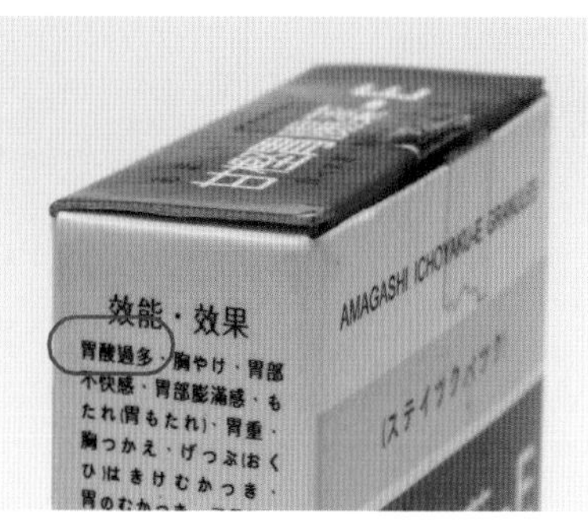

㈢酯化反應

同學們還記得前面曾提到過有機化合物中的「酯類」嗎？酯類具有特殊的氣味，在日常生活中有許多水果香、花香等都是酯類，是由「酯化反應」製造出來的喔！酯化反應的進行需要有機酸類和醇類兩者加在一起反應，可產生酯和水並需濃硫酸為催化劑。它們的化學反應式可以寫成：有機酸＋醇 → 酯＋水。

例如：乙酸 + 乙醇 → 乙酸乙酯 + 水

反應式：$CH_3COOH + C_2H_5OH \rightarrow CH_3COOC_2H_5 + H_2O$

大自然中的許多香味，總是讓人聞起來舒服又開心。因此，聰明的商人為了讓產品可以吸引更多的客人注意，便使用了各種化工技術來製造出這些具有水果香味或花香的酯類，添加在各式商品或化妝品中，來增加賣點呢！

酯類	水果香味
乙酸戊酯	香蕉
丁酸乙酯	鳳梨
丁酸戊酯	杏仁
戊酸戊酯	蘋果

㈣皂化反應

我們每天洗手洗澡使用的肥皂，同學們有想過是怎麼製造出來的嗎？其實是經由「皂化反應」製造的喔！皂化反應的進行需要有酯類和鹼性溶液兩者加在一起反應，可產生肥皂和甘油。它們的化學反應式可以寫成：酯＋鹼 → 肥皂＋甘油。

例如：脂肪（三脂肪酸甘油酯）+ 氫氧化鈉 → 脂肪酸鈉 + 甘油

反應式：$(C_{17}H_{35}COO)_3C_3H_5 + 3\ NaOH \rightarrow 3\ C_{17}H_{35}COONa + C_3H_5(OH)_3$

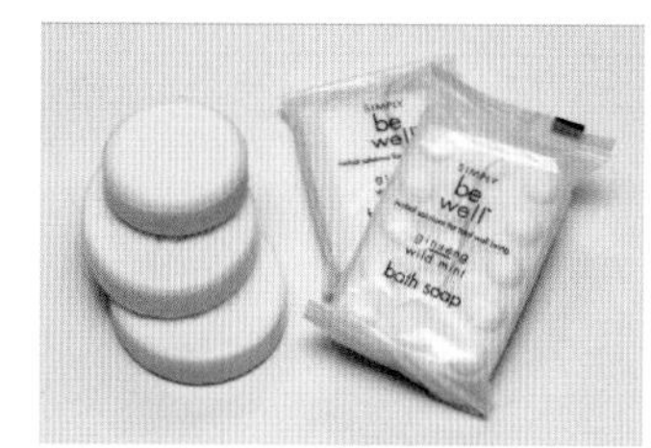

「手油油的，趕快去用肥皂洗個手吧！」為什麼肥皂能去油汙呢？那是因為肥皂分子有兩端，一端是親油端，一端是親水端，當肥皂分子的親油端碰到油汙時，就會緊緊地吸附在油汙上，再由親水端將油汙拉入水中，讓油汙脫離我們的身體喔！

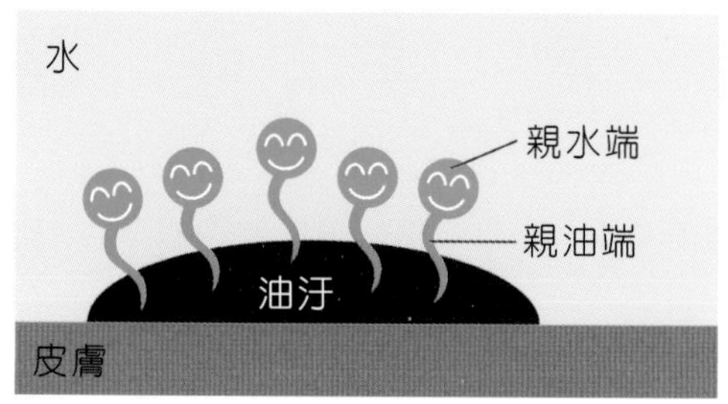

四、反應速率

前面聊到了很多化學反應式，可是同學們知道嗎？有些化學反應進行是很快速的，甚至是瞬間就完成了，例如：燃燒、爆炸。但是有些可能要花上好幾個小時，甚至好幾天才完成，例如：消化作用、金屬生鏽。那究竟影響反應完成時間的因素是什麼呢？其實有很多喔！例如：物質或反應本質、**濃度**、**接觸面積**、**溫度**、**催化劑**等。如金屬鈉遇水就會反應，而黃金則恆古不變；又中和反應速率極快，但紙張燃燒就需點火才能反應，以下，我們就一一介紹這些影響反應速率的因素吧！

「燃燒」和「生鏽」哪個反應比較快呢？

㈠濃度

當進行化學反應的反應物濃度很高時，促成反應生成的機會增加，這也牽涉了一件事──「碰撞學說」。所謂「碰撞學說」指的是，所有物質皆由粒子組成，要有化學反應生成，粒子間必須要有有效碰撞，才有可能生成新的化合物。因此，當反應物的濃度愈高時，愈有機會進行有效碰撞，所以反應速率也會因而增加。

例如：若準備兩支密閉試管如下圖，甲試管內放入鐵釘、水及**空氣**，乙試管內放入鐵釘、水及**純氧**，何者較易氧化生鏽呢？答案是：乙試管，因為乙試管內的反應物（氧氣）濃度較高，有效碰撞機會增加，當然反應速率也愈快囉！

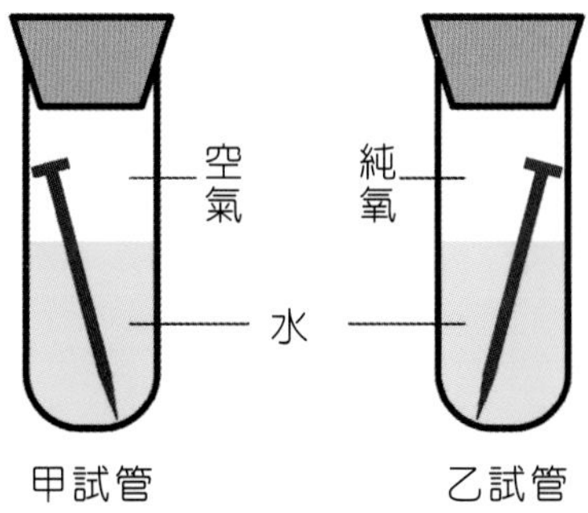

(二)接觸面積

生活中，大家應該都有以下這樣的經驗吧！烤肉時，是一大塊木炭生火烤肉較方便，還是將木炭敲碎後較方便起火？答案是：敲碎後較易起火。原因是什麼呢？就是「接觸面積」。當反應物顆粒愈小，總接觸面積愈大時，粒子間碰撞的機會就會增加，反應速率當然也會增加了。雖然以上例子是化學反應，但物理現象的例子也是不少喔！

夏天到了，好熱喔！我想泡杯冰奶茶來喝，這時候不夠冰，怎麼辦？應該加一大顆冰塊，還是加入一些碎冰，誰涼的快呢？不夠甜，怎麼辦？應該加一顆大冰糖，還是一大匙砂糖呢，誰甜的快呢？正確答案是：加入碎冰，涼的快；加入砂糖，甜的快。這也是「接觸面積」的生活應用喔！

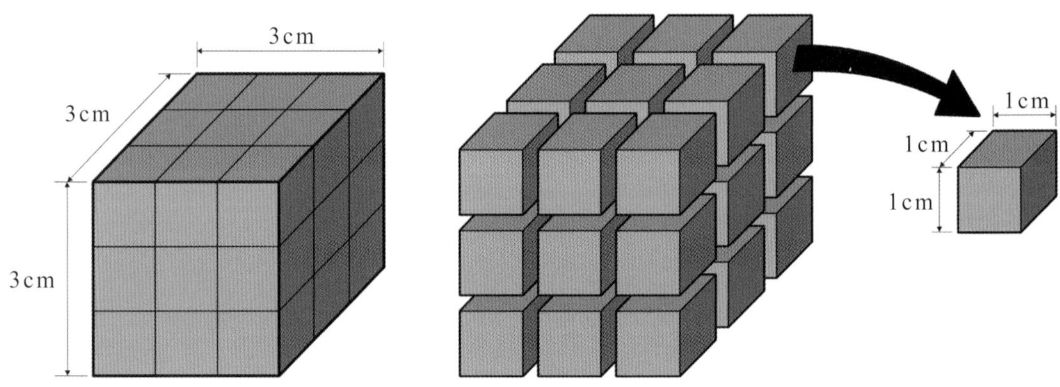

分成小塊後接觸面積會變大，原$3 \times 3 \times 6 = 54cm^2$，分成小塊後$1 \times 1 \times 6 \times 3 \times 3 \times 3 = 162cm^2$

㈢溫度

溫度變化也可以改變反應速率喔！因為當溫度升高時，粒子擁有的能量變大，運動也會加快，更有助於增加粒子有效碰撞的機會，所以反應速率加快。因此，在實驗室時，常為了增加反應速率，縮短做實驗的時間，也常會利用加熱的方式，讓反應加快完成。一般化學反應中，溫度每上升10℃，反應速率約增為2倍。

但各位同學注意，並不是所有的反應速率應用都希望可以愈快愈好喔！反而有許多的生活應用，卻是利用降溫的方式來降低反應速率的喔！同學們一定很納悶吧？現在請同學們回想一下，請問，夏天時的食物放在室溫下幾個小時，是不是很容易就腐敗了？若是放入冰箱冷藏，可能二、三天了都還不會壞掉；媽媽在超市買回來的豬肉，若放在室溫下，可能半天就臭掉了，可是若放在冰箱冷凍庫，可以放上一個月都還可以食用。這些就是利用「降溫」來降低反應速率的最佳生活實例了！

(四)催化劑

另一個影響反應速率的因素是——催化劑。「催化劑」這個名詞，同學們可能有點陌生，但若我們換一種說法如：觸媒、酵素、酶，也許同學們就有聽過其中幾項了，這些也是催化劑，只是應用在不同的地方，我們說法有點變化，但是特性是相似的，皆可改變反應速率。在國中時有個實驗是利用雙氧水（過氧化氫，H_2O_2）製造氧氣，為了加快反應速率，所以加入二氧化錳（MnO_2）當作此實驗專用的催化劑，為何說是專用呢？因為催化劑，有專一性的特性，二氧化錳在此實驗可加快反應速率，但別的實驗可未必幫得上忙喔！

$$\text{雙氧水} \xrightarrow{\text{二氧化錳}} \text{水} + \text{氧}$$

$$\text{反應式：} 2\ H_2O_2 \xrightarrow{MnO_2} 2\ H_2O + O_2$$

那在什麼時候催化劑又可稱為「觸媒」、「酵素」或「酶」呢？在工業上的催化劑大多稱為「觸媒」，如光觸媒，藉由照光時，加速反應速率。在生物體內時，則大多稱為「酵素」或「酶」本質是「蛋白質」，如水果中的木瓜酵素、鳳梨酵素。人體中也有很多種類的酶來幫助分解食物，促進消化，例如口腔中的唾液內有澱粉酶、胃液中有胃蛋白酶等，酶的作用會受到溫度和pH值影響。

結語

這個章節讀完後，大家分得清楚「物理變化」和「化學變化」的差異了嗎？看完這麼多的化學反應後，同學們是覺得有趣還是眼花撩亂呢？化學反應的應用帶給人類許多便利，也是由許多科學家努力做實驗，不斷地深入研究才得來的，現在我們只要享受科學家努力後的成果就可以了，是不是覺得很幸福呢？

本章容易犯錯的地方與注意事項：

在這個單元，同學們要注意的地方是，化學是一門有延伸性的科目，如果前面的元素與化合物的觀念沒有釐清好，到最後學到化學反應式時，就只會覺得是一堆英文字母和數字在交換位置而已，所以為了避免這樣的窘境發生，前面單元的內容一定要多看幾遍，瞭解元素與化合物之間的涵義後，當它們再組成為化學反應式時，你才會有豁然開朗的感覺喔！

以下，就示範一題「化學反應式」來喚起同學們的回憶吧！

$$6\,CO_2 + 6\,H_2O \rightarrow C_6H_{12}O_6 + 6\,O_2$$

【化合物】　【化合物】　【化合物】　【元素】

第四章

生活中各式各樣的能量

——對應國中自然科第三冊第三、四、五章

聲音、光還有熱
是常見的能量表現形式！

前言

在前面的單元中，同學們應該對於物質有初步的概念了，前面提過物質是具有質量占有空間的，不過呢！接下來要介紹的不是有形的物質，而是無形的「能量」。能量跟物質不同，不具有質量，也不占有空間，換句話說是抽象的名詞。而生活中的能量實在太多了，這邊簡單介紹「聲音」、「光」、以及「熱」等三種形式的能量。

本章讀完後你會學到：

一、聲音

◎瞭解「聲音」如何產生及聲音三要素，認識其代表的意義。

◎認識傳聲的物質。

◎認識回聲，以及生活中減少回聲的應用實例。

二、光

◎光又稱為光線，說明光是直線前進。

◎光的反射遵守反射定律，反射定律適用於任何波。

◎比較光速和聲速在各介質中的差異。

◎瞭解光線折射的定義及生活常見現象。

三、熱

◎認識熱量與比熱的定義及比較它們的差異性。

◎認識熱傳播的三種方式及應用。

◎瞭解熱平衡的基本概念。

一、聲音

想必大家一定都聽過「聲音」，舉凡說話、唱歌等等，但你知道聲音是怎麼出現的嗎？你知道聲音具備什麼特性嗎？以下就是關於聲音的幾項簡介，準備好一起進入聲音的世界囉！

㈠聲音的出現

物體若要發出聲音一定得產生「振動」，以人來說，一秒振動20次以上人耳才能聽見，甩幾下手臂試試，你會發現手臂很難發出聲音，這是因為手的振動不夠快；再者，聲音的傳播必須依賴「介質」，什麼是介質？簡單來說就是傳遞波的物質。注意！介質只傳遞能量而不會傳遞物質，所以當你在講話時，旁邊的人並不會因此被你彈飛，因為空氣分子只會在原處做來回規律的振動，並將能量傳出去。

你一定心想：「可是聲音又看不到阿！」別緊張！我現在就做個實驗——「米粒跳跳樂」：

1.實驗物品：幾粒米、重低音喇叭（別忘了要接上電源）

2.實驗過程：

(1)把米放在重低音喇叭上。

(2)播放音樂（最好是節奏強一點的）。

(3)然後觀察米粒的變化。

3.實驗結果：米粒隨著音量的大小有不同的振動強度。

別忘了實驗後要收拾一下，米要撿乾淨喔！

圖：米粒跳跳樂

想一想為什麼米會跳動？這是因為喇叭的振動撞擊了米，而聲音產生的原理也是如此。當空氣分子B受到A的振動時，會再往旁傳給C，形成A→B→C……的情形，聲音的能量就往外傳了，而這些ABC等空氣分子就是我們所說的「介質」。

關於介質還能解釋另一個現象：外太空的任何爆炸都不會有聲響傳到在地球的我們，這是因為外太空沒有傳聲的介質。

㈡聲音三要素

1.響度：聲波的響度代表強弱或振幅，就是音量大小，單位是分貝（dB），振幅大代表聲音愈大聲，「幅」代表的意思就是波的振動「寬度」。

你聽過貝爾嗎？不是熊，是一個美國科學家——亞歷山大・格拉漢・貝爾（Alexander Graham Bell, 1847～1922），他擁有電話的發明專利，被世界譽為「電話之父」。為了紀念貝爾的貢獻，科學家才以「貝」和「分貝」（10分貝＝10dB＝1B＝1貝）作為聲波的振幅單位。

振幅的單位——分貝：以下介紹聲音分貝和強度的關係。聲音強度：20分貝是10分貝的10倍，30分貝是10分貝的10×10＝100倍，40分貝是10分貝的10×10×10＝1000倍，發現了嗎？每加10分貝，強度就乘以10倍，而不是一直加上去喔。不要被搞迷糊了！

2. 頻率：聲波的頻率代表每秒振動的次數，單位是赫或赫茲（簡寫成Hz）。這是為了紀念德國物理學家——赫茲（Heinrich Hertz, 1857～1894），因為他在1886年以實驗證明無線電波的存在。振動每秒1次就是1赫，每秒2次就是2赫，以此類推。人類能聽到的聲音頻率為20～20000Hz，超過20000Hz的稱為超音（聲）波，而低於20Hz的稱為聲下波或超低頻。

共鳴：共鳴？一起鳴叫嗎？其實應該說是兩物體同時振動，共鳴也稱為共振，當兩物體的頻率一樣時振幅就會增加，稱作共鳴，例如木吉他的共鳴箱。共鳴箱的設計可以使把琴弦的震動透過空氣的共鳴，產生更大的音量。但共鳴有時候也不是好事，例如在1831年，有一支英國步兵隊伍以整齊的步伐走過一條人行橋，結果因為步調的頻率和橋的固有頻率相同，結果人行橋過度搖晃而坍塌，後來當隊伍要經過此地時，都會以不規則的步伐通過，可見共鳴對生活的影響。還有的人能夠以尖叫來震碎玻璃杯，那也是頻率剛好一樣時產生的共鳴現象。

圖：吉他的音箱（中間圓孔處）

3.音色：聲音的音色代表聲音的特色，也稱為音品，我們之所以能分辨不同樂器或不同人發出的聲音就是因為音色，而音色取決於波的形狀。

註：樂音v.s噪音

樂音的波形具有一定的規律性，令人感到愉悅；而噪音的波形則沒有規律性，使人煩躁。每個人對於噪音的感受都不同，若以數據來判定，通常音量在50分貝以下時人會感到舒適；在50～70分貝之間則會引起些微的不舒服，而70分貝以上就會讓人產生焦慮不安，引發各種症狀。

㈢聲速的探討

有一句話說：「迅雷不及掩耳」，那麼聲音的傳播有多快呢？在空氣中每秒約340公尺。不只空氣可以傳聲音，連固體和液體也能傳聲，所以水上芭蕾的舞者在水中依然可以隨音樂起舞，證明液體是能傳聲的物質；有一句話叫做「隔牆有耳」，也足以證明固體也是能傳聲的物質。一般而言，聲音在不同介質中的傳播速度依序是：固體＞液體＞氣體，而在真空中＝0。

㈣回聲及應用

回聲是從物體表面反射回來的聲波，而人耳要分辨原聲和回聲的話，兩者間隔時間要0.1秒以上，回聲方向跟原聲不同，因為一個去一個回嘛！所以我們通常都會說若要聽到回聲，聲源（發出聲音的位置）距離反射面要大約17公尺才可以！而在浴室洗澡時哼歌，原聲跟回聲幾乎重疊，所以很難分辨，不過這倒是會讓人覺得自己的聲音更加好聽了，試試吧！不過如果你說你家裡的浴室能聽到回聲，那你家的浴室應該是泳池吧！長度17公尺耶……。

去聽過音樂會的人應該都會發現在音樂廳四周的牆壁都有很多凹凸不平的紋路，放心那不是偷工減料，是為了你的耳朵好！因為如果這些牆壁（反射面）太過於平滑，聲波反射回去的回聲就會愈明顯，演奏者自己聽到重複的聲音，影響演奏，那這音樂會就泡湯了。所以要減少回聲的條件就是：反射面要軟、粗糙，這樣聲波被吸收掉之後就沒什麼回聲了。

而動物也會運用回聲的原理，例如海豚用聲納（就是超音波，頻率大於20000Hz）探測食物及障礙物的位置。而在1930年代，美國科學家唐納德則是記錄了蝙蝠的超音波叫聲，證明了飛行的蝙蝠是靠著回聲在黑暗中分辨方向。

㈤有趣的聲響

課堂上的恐怖聲響

老師上課時難免偶爾會刮到黑板，相信你對這狀況並不陌生，但每次聽到這突如其來的聲音都會很不舒服，這是為什麼？美國西北大學的科學家就做了一項研究，結果發現這種聲音是由不一致的高頻率振動所混合而成的聲響，這種聲音會讓人雞皮疙瘩掉滿地。

大雪過後

一場大雪之後，總覺得周圍特別安靜，到底是錯覺還是真的很安靜？其實是和雪本身的構成有關，剛落下的雪很蓬鬆，而雪的表層有許多小氣孔這些氣孔共同的特色是看起來入口很小，其實內部的空間很大，當聲音傳播時，遇到氣孔，聲波進到氣孔內部，被小孔壁多次反射，最後只有小部分離開氣孔，而多數都被吸收回到雪層表面，因此造成安靜的感覺。而被踩過的雪會變紮實，所以聲波就會直接反射回來，寂靜的大自然頓時又嘈雜了起來。

人體的聲音

1. 放屁聲：屁股附近的皮膚因為體內衝出的氣體而振動，所以才會有「噗」的一聲，不過當然要有傳聲的介質——空氣，才能有如此的巨響。另外，把手臂放在嘴巴上，然後用力吹氣，也能製造類似的聲音。

2.打鼾聲：打鼾就是打呼啦！元兇其實是你喉嚨裡那一塊小小的看似懸吊著的肉，稱為懸雍垂，當一個人躺著並張開嘴巴睡覺時，深呼吸可能會造成懸雍垂不規則的振動，就會發出鼾聲，不過比起這個，你一定更想知道如何制止別人的鼾聲，對吧！很簡單，不是敲他的頭，而是闔上他的嘴，然後讓他轉身側睡就好了！

3.打嗝聲：當氣體由胃排出時，食道就會產生振動，產生打嗝聲，有的人可以任意發出打嗝聲，則是因為他們先吞了一些空氣進去。

4.哼歌與吹口哨：哼歌時，鼻孔內的皮膚會以一種特殊方式振動，所以當你哼歌時，試試用手捏著鼻子，就知道鼻孔的重要性了！但別捏太久，否則要打一一九。而吹口哨呢？吹口哨是因為將嘴閉合成剩下一個小縫時，因為氣流急速通過小圓孔，在嘴裡形成小漩渦，造成嘴巴內部的振動。

5.聽診器：聽診器是現代醫療中的一項利器，能讓醫生聽到異常的聲音，及早治療。聽診器是運用聲波的反射，將聲音幾乎沒有減弱地傳到聽的人的耳朵，但你知道嗎？聽診器的前身其實是你阿公早上都會看的「報紙」！法國一位醫生雷奈・萊乃克（1781～1826）之前都是用耳朵貼在病人的胸腔聽心跳聲，但有一天遇到一位女病人，他覺得很尷尬，於是試著用報紙捆起來聽診，沒想到效果非常好，這也造就了後來聽診器的發明。

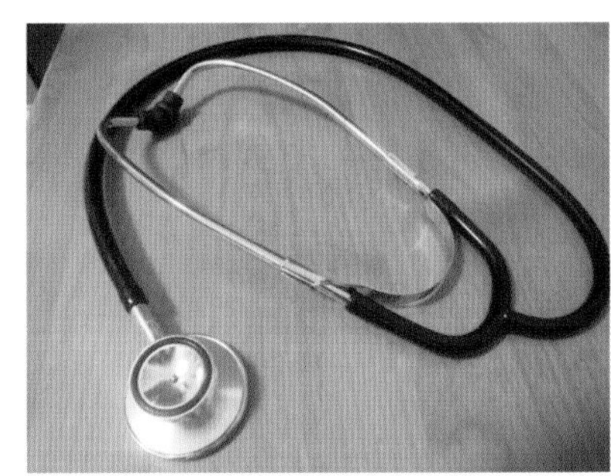
聽診器

二、光

光有多重要？萬一這世界沒有光，我們就看不到任何事物，當然也包括這本書的任何字和美麗的照片；沒有光，我們就發展不了文明；沒有光，我們就不知道彩虹、極光等等是什麼現象；因此，對於光學的各種性質我們要有一定程度的瞭解，各位同學，咱們就來一窺光的奧秘吧！

㈠光的直線前進

光的行進是直線的，所以光又稱為「光線」，當光遇到不透明的障礙物時，會在其背面形成一部分較暗的區塊，稱為「影」。

雪影

雲影

(二)針孔成像

提到光的直線前進就要講解一下針孔成像了，各位別想歪，不是偷拍的那種針孔，以下便以實驗說明：

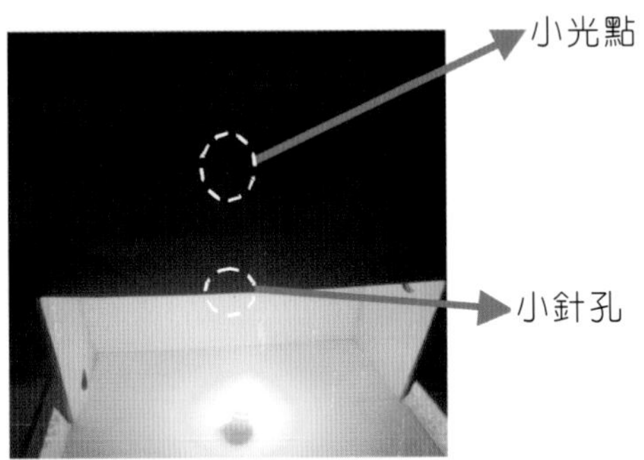

看不清楚嗎？沒關係，現在將後面黑漆漆的部分又拍了一張：

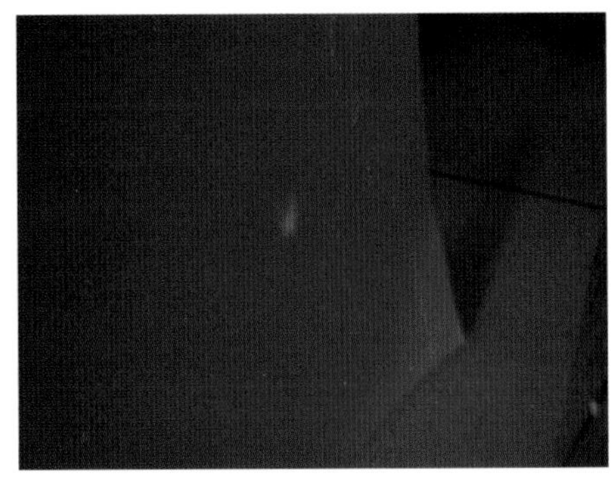

看見了嗎？燭光因為光的直線前進，而呈現上下顛倒的燭火影像。

㈢光的反射

在沒有光線的房間裡，我們看不見房間裡的任何東西，而電燈打開時，我們就能看見電燈，這是因為電燈發出的光線進入我們的眼睛。然而房間裡大部分的物體並不會自己發出光線，我們為什麼仍然可以看到它們？原來這些不發光的物體表面在燈光的照射下會反射光線，所以我們能清楚地知道它們的顏色及大小、形狀等性質。

1. 反射定律

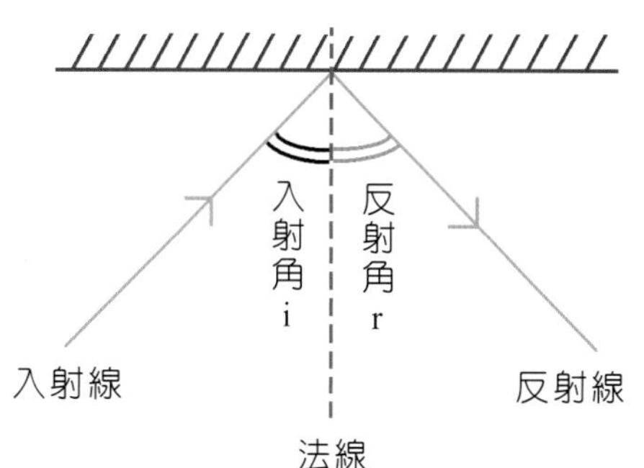

反射定律在任何波當中都適用，包括前面的聲波也是，在這裡一起介紹。

如右圖所示：

(1)入射角i＝反射角r。

(2)入射線、法線、反射線在同一個平面上。

(3)入射線和反射線必在法線兩側。

※法線是和反射面垂直的「假想線」。

2. 漫射

光線照射在粗糙的表面時，會向許多方向反射，稱為漫射，也因為形成如此不平整的反射，所以又稱為亂反射，以下圖來說，右邊的漫反射較不清楚，但每條射線依然遵守反射定律。

左圖：反射，攝於花博

右圖：漫反射，攝於淡水河

我們以平面鏡實驗來看看光的反射吧！

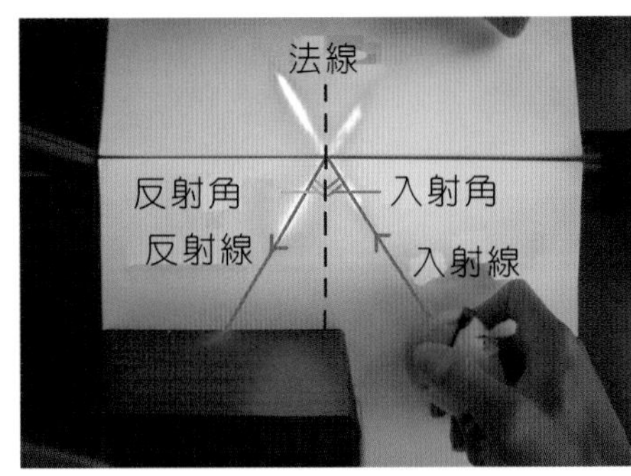

3. 光速

既然我們看的到光，那就來瞭解光到底跑多快吧！光速可是相當快的，一秒鐘可以行進30萬公里，這相當於可以繞地球七圈半耶！此外，光從太陽照到地球只要8分鐘。另外要補充的是，光走一年的距離就稱為「1光年」，所以光年是「距離」的單位，而不是「時間」的單位喔！對了，下次當同學問你：「為什麼打雷時總是先看到閃電才聽到雷聲？」，你要很有自信的告訴他：「因為光的速度遠大於聲音的速度！」，千萬別說因為眼睛長在耳朵前面，那可會貽笑大方的。

㈣光的折射

光從一介質進入到另一介質時，速度會產生改變，一般我們稱為折射，可別小看折射帶來的影響喔！因為折射我們才能看到許多美麗或特別的景像。如彩虹、樹枝在水中看似斷掉。

1. 折射定律

折射在什麼時候發生呢？當波從一介質進入另一介質時就會產生速度改變，產生偏折。

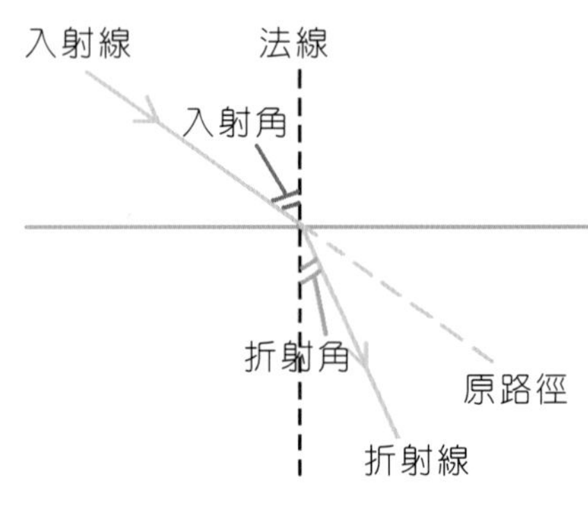

如右圖所示：

(1)入射線、法線、折射線在同一個平面上。

(2)入射線和折線必在法線兩側。

(3)光由速率快→慢，角度變小、偏向法線（θ＞δ）。

(4)光由速率慢→快，角度變大、偏離法線（θ＜δ）。

※法線是和折射面垂直的「假想線」。

為什麼夕陽總是看起來紅紅的，而且不刺眼？這是因為光穿過大氣的時候產生了折射，由於太陽的角度偏斜了，這時紅光在穿透大氣時產生折射的現象，所以天空看起來一片紅，也沒那麼刺眼了。

夕陽

前鎮漁港

2. 凸透鏡（放大鏡）的折射

凸透鏡的鏡片是一種中間厚、周圍薄的透鏡，光線在穿過凸透鏡折射後有匯聚的效果，可將物體的影像放大或縮小、倒立或正立等多種特性，然而通常都是利用凸透鏡可將影像正立放大的特性來觀察較細小的物件。

3. 凹面鏡、凸面鏡

凹面鏡是中間凹陷的面鏡，照的時候能放大你臉上的各種東西喔！凸面鏡則是中間隆起的面鏡，能形成正立縮小的像，因此能從小小的鏡子看到很多東西，簡單說就是擴大視野。

化妝鏡

彎路反光鏡

三、熱

昨天晚上的氣象預報說今天會是個非常濕冷的天氣，合歡山上可能會下雪，於是大夥決定上山賞雪。到了集合的地方，大家都穿著羽絨衣，但有些人竟然只穿短褲短袖，這是怎麼回事？以下就來看看關於「熱」的介紹。

(一)溫度計

前面提到有些人穿很少，而大多數人卻穿很多，那是因為每個人對於「熱」的感覺都不同，也因為如此，描述「熱」就太主觀了，因此我們需要一個客觀的工具來觀測，那就是溫度計。

咦？為什麼溫度計有兩排數字呀？而且差好多喔！哈哈，就讓我們來看看這兩者的差異。左邊標著℃的稱為「攝氏溫標」，訂定水結冰時的溫度為0℃，而沸騰時的溫度為100℃，共分成100等分。右邊標著℉的稱為「華氏溫標」，訂定水結冰時的溫度為32℉，而沸騰時的溫度為212℉，共分180等分。兩者的轉換可依照下列公式求出：

$$\text{公式：}{}^{\circ}\mathrm{F}=\frac{9}{5}\,{}^{\circ}\mathrm{C}+32$$

那現在考你囉！如圖，我的房間現在是15℃，是華氏多少℉？答案是59℉，你答對了嗎？

補充 溫標換算：$\dfrac{\text{A溫標溫度}-\text{A溫標冰點}}{\text{A溫標沸點}-\text{A溫標冰點}}=\dfrac{\text{B溫標溫度}-\text{B溫標冰點}}{\text{B溫標沸點}-\text{B溫標冰點}}$

㈡熱量與比熱

水是我們自然界中最常見的物質之一，因此水的很多性質都會訂為1，比熱也不例外，水的比熱＝1，而使1克的水上升1℃所需的熱量就稱為1卡（cal），所以「卡」是專為水設計的單位喔！其他關於熱量的單位還有「焦耳」，這部分以後還會再學到，不急！

至於比熱呢？不是我跟你比誰比較熱喔……不要誤會了！比熱的意思是：使1克的物質上升1℃所需的熱量，所以同樣都是1克的兩個物質，比熱大的需要較多熱量才能上升1℃，而比熱小的則只需要一些熱量就能上升1℃，換言之：比熱大的難冷難熱，比熱小的易冷易熱。

舉個例子來說明一下同學們可能更容易理解，我們都知道海島和內陸的氣候型態截然不同，海島氣候潮濕、四季氣溫溫差不大，而內陸氣候乾燥，別說四季了，早晚的溫差就嚇死人了，可多達幾十度，主要的原因就在於空氣中的水分，由於水的比熱（$S_{水}=1$）在自然界物質中算是非常大的，所以只要空氣中水的含量愈多，氣溫就愈不易變化，而內陸因為缺乏水氣，空氣相當乾燥，所以日夜溫差才如此驚人。

熱量公式：$\Delta H = M \times S \times \Delta T$

ΔH：熱量的變化（cal）

M：質量（g）

S：比熱（cal/g-℃）

ΔT：溫度變化（℃）

金屬比熱小（門把）

非金屬比熱大（把手）

㈢水的三態變化

既然講到水了，就一定不能漏掉水的三態囉！如圖：

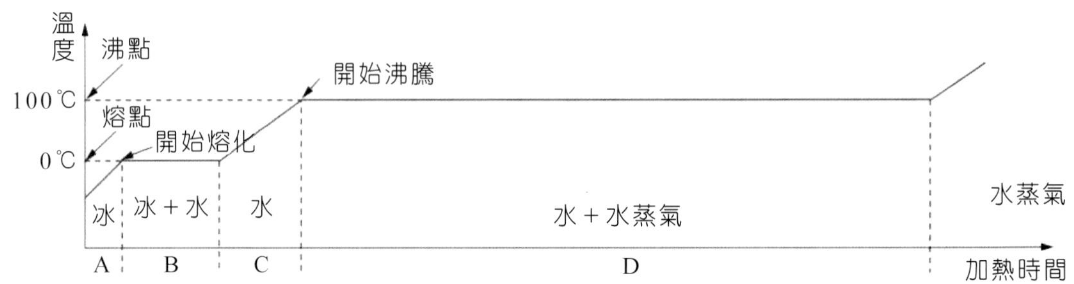

A：加熱時提供的熱量使冰的溫度上升

B：加熱時提供的熱量使冰的狀態改變，熔化成水

C：加熱時提供的熱量使水的溫度上升

D：加熱時提供的熱量使水的狀態改變，沸騰成水蒸氣

咦？為什麼A和C時期溫度會上升，而B和D時期卻沒有？原因是因為在B和D時期所吸收的熱，全數拿來作為「改變狀態時所需的熱」，這段時間持續在吸熱但溫度沒改變，我們稱為「潛熱」**註**，這也是為什麼圖中D部分會這麼長的原因，因為1g水汽化成1g水蒸氣大約就要吸收540cal的熱量，所以千萬別小看水蒸氣的厲害，被100℃的水蒸氣燙到可是要比被100℃的水燙到還嚴重阿！

註：B過程吸收的熱稱為「熔化熱」，水的熔化熱＝80cal/g；

D過程吸收的熱稱為「汽化熱」，水的汽化熱＝540cal/g

另外再提到沸騰與蒸發，這兩者差在哪呢？沸騰是達到沸點時劇烈汽化的現象，而蒸發則是未達沸點時的緩慢汽化現象。

以水來說，水在室溫下就會緩慢的吸熱然後蒸發形成水蒸氣，至於你看到的瓶壁上有這麼多小水滴，那是因為水蒸氣在瓶子中自由移動時遇到了瓶壁，由於瓶壁跟外界空氣接觸，溫度較低，所以水蒸氣遇冷就凝結變回小水滴了，這樣明白了嗎？

其他有關水的三態變化的實例，如電鍋蒸食物時看到的白煙其實是水滴！水蒸氣從鍋裡冒出來遇到外界的冷空氣就凝結了，又或是對鏡片呵氣，形成許多霧狀的細小水滴，因為吐出的氣體含有水蒸氣，遇冷凝結。

㈣熱的傳播方式

熱是一種能量，巨觀上，傳遞的方向是由高溫傳到低溫。為什麼呢？物質都是由分子組成，而這些分子可沒你想的如此安靜，當分子在高溫的時候具有較多的能量，噢！這樣講可能有點抽象，我換個方式解說好了：人一般都是在夏天時充滿活力四處往外跑，而冬天時感覺好冷只想待在家動也不動，理解了嗎？由於高溫時分子的能量大，在運動過程中就會撞到其他分子，於是熱就透過分子的撞擊慢慢由高溫處往低溫處傳囉！看到這裡你一定會想：「所以高溫的物體放出熱量，而低溫的物體就是吸收熱量囉？」沒錯！就是這樣！

熱量巨觀上都會由高溫處傳向低溫處。傳播的方式有三種：傳導、對流和輻射。

1. 傳導

物質內部的粒子會做些微的振動，當熱量愈多，振動就愈厲害，然後就會撞擊隔壁的粒子，有沒有覺得很熟悉？沒錯，就是跟分子的能量有關。一般而言傳導主要是固體的傳熱方式，而不同的物體對熱的傳導效果並不一樣。一般而言，金屬對熱的傳導效果較好，而非金屬的傳導效果較差，再者就是：固體＞液體＞氣體。右圖為羽絨衣，空氣是熱的不良導體，所以穿著的時候，身體散發出的熱就會被羽絨和羽絨之間的空氣困住而不易散失，達到保暖的效果。而冬天睡覺時蓋棉被，主要是可以防止棉被內外空氣的對流而保持體溫。

2. 對流

液體或氣體本身的循環移動，而漸次傳播熱量的現象。當液體或氣體物質一部分受熱時，體積膨脹，密度減少，接著逐漸上升，其原本的位置就由周圍溫度較低、密度較大的物質來補充，然後此物質再受熱上升，周圍物質又來補充，如此循環不已，而將熱量由流動之流體傳播到各處。液體和氣體合稱「流體」，主要的熱傳播方式對流，因為氣體和液體熱的傳導效果都很差。舉幾個例子，如燒開水使之沸騰必須從底部加熱。因為如果受熱部分在上端，則密度較小的熱水已經在上方，這時對流的效果就會很差。又如冰箱中的冰須置於上部、室內的冷氣裝置須置於上部，暖氣機須置於室內低處。另外像是煙囪之架設，就是要幫助氣體對流，當熱空氣順著煙囪向上傳遞時，新鮮的冷空氣可以從底下不斷補充，讓爐內的燃燒效果更好。

3. 輻射

熱不經物體傳導，也不經由液體或氣體對流，而是直接由熱源傳播到各處，稱為「輻射」，而輻射也是熱傳播當中唯一不需要介質的傳播方式。例如太陽的熱就是透過輻射傳到地球。輻射有幾項特性：

(1)高溫的物體輻射出的能量多，低溫的物體輻射出的能量少。

(2)輻射熱傳播的速度與光速相同。輻射熱沿著直線前進，若遇障礙即被減弱。

(3)能讓輻射熱透過的物質，如玻璃、水等，其本身都不易吸收輻射熱。

(4)淺色或表面光滑的物體不易吸收輻射熱；而深色或表面粗糙的物體容易吸收輻射熱。

同樣舉幾個例子，如夏天在樹蔭下或撐傘可以擋住太陽的輻射熱，故較涼爽。又或是冬天穿深色衣服在陽光下易吸熱而覺得暖和；夏天穿白色衣服，在陽光下不易吸熱而較涼爽。

(五)熱平衡

當兩個不同溫度的物體靠在一起，則高溫的物體放熱，低溫的物體吸熱，等到兩個物體的溫度最後變成一樣時，就稱為熱平衡，可表示成下列關係：

$$\Delta H_{吸} = \Delta H_{放}$$

如上圖，右杯100℃的熱水倒入左杯15℃的冷水時，最後會形成溫水，溫度則是介於15～100℃之間，這是很重要的觀念，兩個不同溫度的物體達成熱平衡時，最後的溫度（末溫）絕對不會比原先高溫的更高，也不會比原先低溫的還低，要記住喔！

結語

能量具有各種各樣的形式，「聲音」、「光」與「熱」，只是我們日常生活中最常見的幾種形式而已，三者感覺儘管不同，但事實上都可以互相轉換，此部分在後面的章節還會提及。

本章容易犯錯的地方與注意事項：

一、聲音

◎聲音是一種能量，所以在傳遞時一定會有慢慢減弱的現象，也就是振幅會變小。

◎每增加10分貝，強度是乘以10倍，這觀念非常重要。

◎聲音的速度在各介質中不同，要能清楚比較聲速和光速的差異。

二、光

◎我們能看見物體的原因：1.物體本身會發光；2.物體反射光線。

◎漫射是因為反射面不平整造成的反射，但也遵守反射定律。

◎光不是只有一種速度，在各介質中的速度皆不同，因此才有折射，也就是光產生轉向。

三、熱

◎熱的傳播一定是從高溫處傳向低溫處，這跟「濃度」有幾分相似！

◎物體溫度上升時，必定吸收熱量，但吸收熱量時溫度卻不一定會上升；反之亦然。

◎水的三態變化一定要弄清楚何者吸熱、何者放熱，別被搞混。

◎在學習熱平衡時，一定要知道：當溫度不同的兩物體靠在一起，最後溫度會介於兩者之間。

第五章

力與能量的世界

——對應國中自然科第四冊第六章、
第五冊一、二、三章

力學的基本內涵
就是牛頓三大定律

前言

「力」是能量的一種表現。有些「力」需要接觸才會發生作用，但有些則不需要接觸就可以產生明顯的效果。「力」會使物體運動，而運動與「力」的關係又如何？「力」對物體作用後又會產生什麼效果？本章將會為你說明。

本章讀完後你會學到：

一、常見的接觸力

◎瞭解生活中常見的力，與各種力的特性。

◎學習如何簡單的測量力之大小。

二、直線運動

◎時間、距離、速度、加速度的基本定義要熟記。

◎位移與路徑長初學易混淆，講解部分有圖示加深概念。

三、運動與力之關係

◎章節裡每個定律中都有加入生活中的例子，想像其情景會更容易理解。

◎牛頓第二運動定律是需要計算的部分，數學難度不高，大家可以去算算看日常生活中常見的東西加深印象。

四、作功與能量

◎功的概念比較抽象，建議熟讀功的定義，只要符合定義，即做功。

◎能量的形式有很多種，此章節僅討論力學能（動能＋重力位能）的部分。

一、常見的接觸力

(一)生活中的力

在我們生活的環境裡，我們常常會觀察到許許多多的力，例如：漂浮在水中的雞蛋、吸盤明明就不會黏卻可以吸在牆壁上等，這些力在往後的課程中，你們就可以用簡單的數學和簡單的觀念就可以輕鬆地分析他們了。

在開始介紹力之前，現實世界裡這麼多形式的力，我們首先把它們分成二大類。

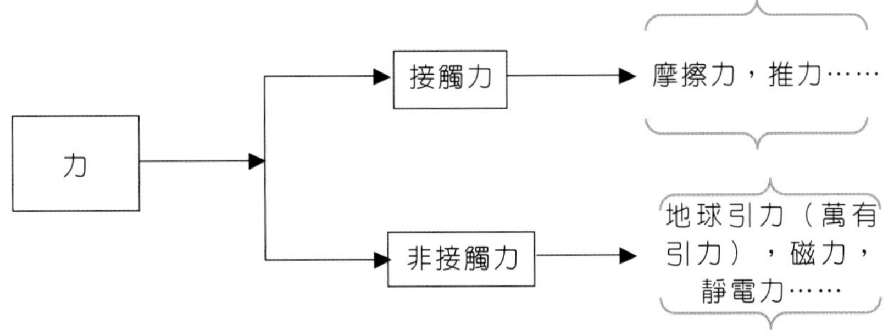

接觸力：須由施力者直接接觸到物體，所顯現的力。

非接觸力：不需要接觸到物體，就能顯現的力。

㈡力的測量

要測量力的大小，我們必須先了解「虎克定律」，虎克定律的定義是：力的大小與彈簧的伸長量會成正比關係，力愈大，彈簧伸長愈長，力愈小，彈簧伸長量愈小。

$$\frac{F_1}{F_2} = \frac{\Delta\ell_1}{\Delta\ell_2}$$

F為外力，$\Delta\ell$為伸長量

我們應用了物體受力影響會變形的特性，來測量力的大小，虎克更應用了彈簧的特性，更方便的測量出來力的大小，只要彈簧在彈性限度內。

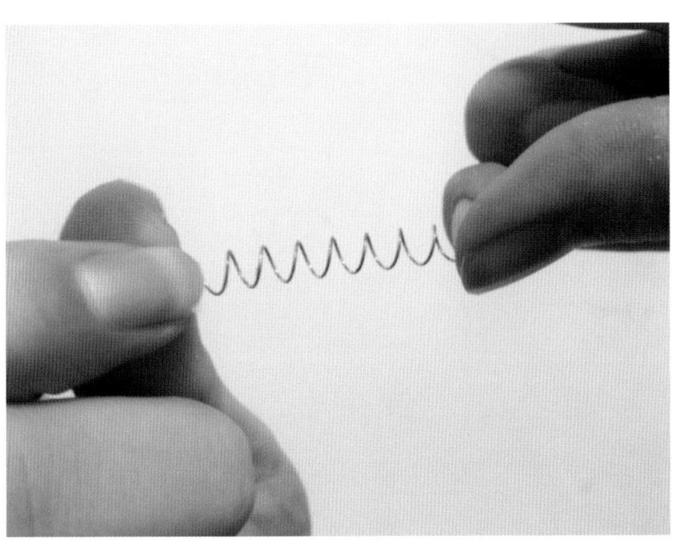

㈢摩擦力

在我們分類完了力的種類，首要先介紹摩擦力，在平時我們常常會有一種感覺，再推一個重物的時候，一開始很難去推動，一推動就省力不少，到底是什麼原因呢。

摩擦力在我們前面的分類中，為接觸力，若我們沒對物體施力，即不會產生抵抗我們的作用力，這抵抗力為摩擦力。

摩擦力分兩類，第一類為靜摩擦力，是當相互接觸的兩個物體相對靜止，在接觸面之間會產生一個阻礙相對運動的力，這個力就是靜摩擦力，例如：我今天出多少的力去推動物體，即會產生相同大小的靜摩擦力。

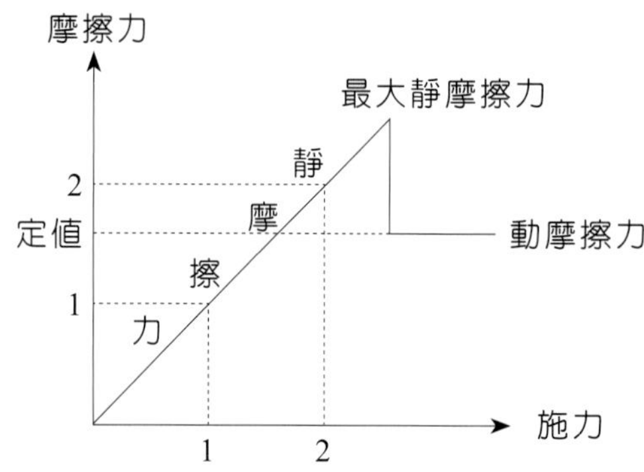

靜摩擦力有其最大值，此最大值稱為最大靜摩擦力，當我們施予的推力超過了最大靜摩擦力，此時物體即會產生運動，並切換為第二類動摩擦力，動摩擦力並不像靜摩擦力一樣，動摩擦力為一定值而且一定比最大靜摩擦力小。

㈣壓力不是力？

在壓力的部分，我們首要瞭解其定義，壓力的定義為單位面積所承受的垂直作用力，故與一般作用力不同，寫成簡單的數學式子即為：

$$壓力=\frac{垂直作用力}{受力的面積}，P=\frac{F}{A}$$

一看到這簡單的式子，我們很容易地發現到如果我們施的力量一樣，所承受的面積愈小，所受到的壓力會比較大，相反的，若是面積比較大，所承受的壓力會比較小，這就可以說明為什麼今天我們拿一枝筆用左右兩手的手指頂住，筆尖那端的手指為什麼會比較痛了。

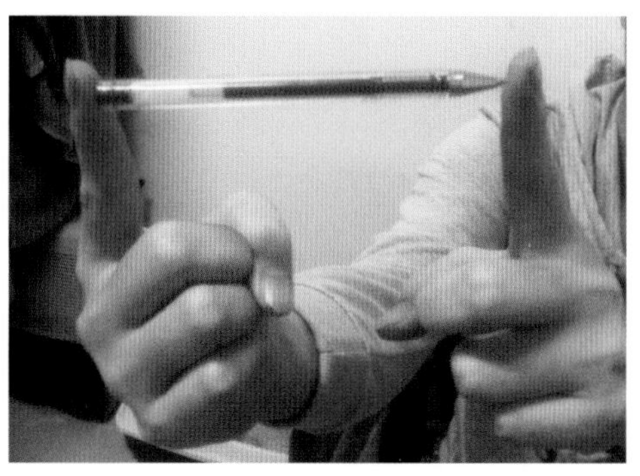

在液體中，壓力來自四面八方，故液體密度和深度愈大，所承受的壓力也愈大，它們的關係為：

$$壓力=在液中深度\times液體密度，P=h\times d$$

㈤浮力與阿基米德（Archimedes）

大家曾經聽過死海嗎？沒錯，就是位在約旦和巴勒斯坦交界處那個會讓人浮起來的鹹水湖，我們會覺得奇怪，為什麼那邊的水會讓人輕鬆浮起來，而游泳池卻不行，沒錯這裡的奧妙在於浮力這個觀念。

在講到浮力之前不能不提到這位偉大的希臘科學家阿基米德先生，目前我們學到的浮力原理即是源自他的著作《論浮體》，或許大家對他不熟，但一定聽過他「真假皇冠」的故事，當時的情形是這樣，國王想請他分辨是否他現在戴的是真皇冠，阿基米德帶回去研究，說來好笑，可能當時阿基米德怕把皇冠弄丟，連洗澡都一起帶進去洗，再泡澡時，發生了意外，在他手上的皇冠，不小心滑進了浴缸，他發現到，皇冠沒入水中後，水位有增加，他得知了一個結論「上升了的水位正好應該等於皇冠的體積，所以只要拿與皇冠等重量的金子，放到水裡，測出它的體積，看看它的體積是否與皇冠的體積相同，如果皇冠體積更大，這就表示其中造了假，摻了其它物質。」

阿基米德

講到此開始跟我們提到的浮力慢慢有關連了，細想當時的情形，如果有摻入其它物質在王冠裡頭，工匠也一定會因為怕改變顏色不敢摻雜太多在裡頭，所以體積一定不會差太多，所以測量時用排水測量法可能看不太出來兩者的差異，所以他用了跟浮力有關連的方法去進行測量。

他使用一個天平，在還未放下水中，天平會是水平狀態，當二者都沒入水中，會清楚地發現，哪邊的重量比較輕，體積也會比較大。

今天我們的浮力原理（阿基米德原理），它的定義為：物體在液體中所受的浮力等於物體排開的液體重量，我們馬上就可以用很簡單的數學式子去表現出來。

浮力＝物體排開的液體重量

＝物體在液體下之體積×液體密度，$B = v \times d$

從式子裡看的出來在同樣的液體裡，在水面裡體積愈大者，所承受的浮力也愈大，所以皇冠那端的重量比較輕就是因為體積比較大，是不是很簡單呢。

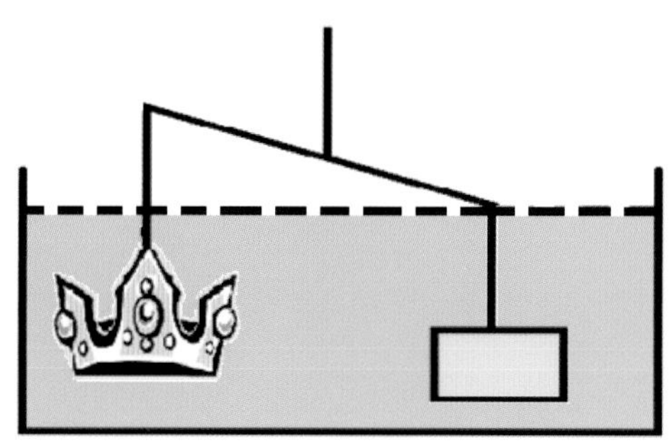

二、直線運動

(一)時間

各位在國小一定都曾經學過速度怎麼算。速度等於距離除於時間，在這個章節裡，要告訴你們在國中課程裡要更仔細的定義原來我們所知道的速度概念以及新的觀念。

首先，我們來認識「時間」的觀念：

我們常常說到，一日24小時，或許大家都很熟悉，認為理所當然，但它是有來由的，我們定義了「太陽日」這個概念。

一個太陽日＝連續2次正對某處子午線的時間

簡單的說，即是連續兩次看到太陽在最高的位置的時間即為一個太陽日，而一年中每一天的太陽日都不是完全一樣，我們就把這些的太陽日取個平均值，稱為平均太陽日。

一日＝平均太陽日＝24小時＝86400秒

今天我們科技日新月異，我們使用了精確度達三百萬年僅僅誤差1秒的銫原子鐘來制定1秒。

㈡位移？路徑長？

我們瞭解了甚麼是時間，現在來討論距離，距離劃分兩種定義。

第一，我們稱之為「位移」，位移的定義為物體位置的變化量，簡單點說，位移的大小即為從起點到終點的直線距離，而且位移有方向性。

第二，我們稱之為「路徑長」，路徑長的定義為物體從起點到終點所經歷的距離長度，沒有方向性只有大小之分。

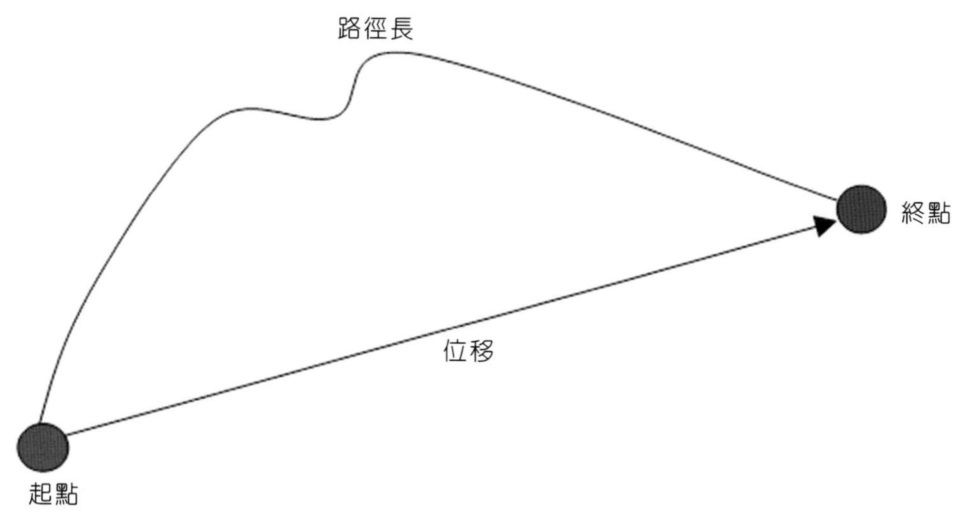

㈢速度＝速率？

前面我們認識與距離相關的兩種定義，就是為了讓大家更清楚速度、速率的概念。那我們來看看兩者的差別吧。

速度的定義為單位時間位移的變化量，並具有方向性，可表示為

$$速度=\frac{位移變化量}{時間}$$

速率定義為單位時間所經過的路徑長，不具方向性，可表示為

$$速率=\frac{總路徑長}{時間}$$

舉個簡單的例子讓大家瞭解一下，例子：小明在10秒鐘內，在A、B兩點間來回走，請問速度與速率分別為多少？

解答：

速度等於單位時間位移的變化量，但經過了10秒鐘起點在A點，終點也是在A點，位移並沒有變化，所以速度為0。

速率等於單位時間所經過的路徑長，來回走，共走了10公尺，我們可以列式，速率＝10公尺／10秒＝1公尺／秒。

㈣加速度運動

加速度是國中學到的新觀念，大家經常會聽到某某廠牌的車子「加速度」有多快多厲害，那加速度到底是什麼呢？

加速度的定義為單位時間速度的變化量（單位為：距離／時間的平方），並具有方向性，換句話說，在一定的時間內，若運動中物體的速度改變了，我們說這物體在作加速度運動。若速度方向和加速度方向相同，則速度增加，反之則變慢。

$$加速度=\frac{速度變化量}{時間}$$

有一部車子一開始速度為0，經過10秒鐘後，速度變每秒90公尺，請問此輛車子在10秒內的加速度大小為若干？

解答：

速度變化量為90，加速度＝90/10＝9，算出此車加速度為9公尺／秒平方。

㈤等加速度運動與自由落體

我們知道了加速度運動，那等加速度就很好理解了，等加速度運動就是物體的加速度維持不變，也就是速度均勻變化，這樣的等加速度特性會發生在自由落體的物體上，物體在自由落下的過程中，只受到重力的影響，所以會等加速度落下。

生活中常出現自由落體的情形，如跳水……。

三、運動與力之關係

大家一定都知道他就是被蘋果敲到頭的故事主角，但牛頓先生所發現偉大的定理卻鮮少人能參透，在這裡我想簡單介紹一下牛頓先生本身和他的「牛頓三大運動定律」與大家分享。

牛頓先生，全名：艾薩克·牛頓（Isaac Newton），出生於英國英格蘭，生於1643年，逝世於1727年（84歲），牛頓早年的學習不是很順遂，因為家庭的因素，也曾一度離開過學校去當農夫，但後來還是成功的復學，並一路順遂的爬上學位的頂峰，他一生中不光是對數學與光學方面有所成就，在對物理學上也有極高的貢獻。

他在1687年發表的論文《自然哲學的數學原理》裡，對萬有引力和三大運動定律進行了描述。這些描述奠定了古典物理學的科學觀點，也成為了現代工程學的基礎。

下面我們就一起來認識一下三大運動定律的概念吧！

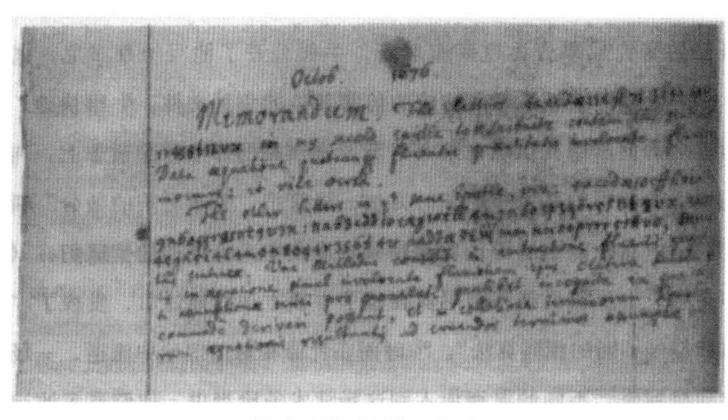
Octob.
Memorandum

牛頓的親筆手稿

牛頓的親筆簽名

(一)牛頓第一運動定律

牛頓認為，當一個靜止的物體若沒有其他外力影響下，物體會恆靜置，而當一個等速度移動的物體若不受其他外力的影響下，物體會保持等速移動。

靜者恆靜，動者恆動，物體所顯現出的狀態若不受外力影響會維持不變的性質，稱之為慣性，所以我們也稱第一運動定律為「慣性定律」。

一開始是靜止，後來也會是靜止。

一開始是等速度移動，後來也會是等速度移動。

㈡牛頓第二運動定律

牛頓第二運動定律說明了，物體若受力，他所受的加速度會與其力成正比，與其質量成反比，而加速度方向會與力的方向相同。聽起來很難，但數學式子非常的簡單：

力＝物體質量×物體加速度，F＝ma

在MKS制度下〔距離：m（公尺），質量：kg（公斤），時間：s（秒）〕，力的單位為牛頓（N），為了紀念他，所以單位用他命名。

舉個例子：有個20公斤重的圓球受到一個力量的影響，產生了2公尺／秒平方的加速度，請問受多大的力影響？

力＝20×2

力＝40牛頓

答案是20×2 = 40牛頓，是不是很簡單呢！

㈢牛頓第三運動定律

第三運動定律的內容是：當兩個物體相互作用之下，兩者互相施予給對方的力，大小相等，方向相反，這兩力，一力稱為「作用力」，另一力稱為「反作用力」，以下就舉個實際的例子：

今天若有一位女溜冰選手去推牆壁，以手推牆壁時，同一時間會產生一個「牆壁」反方向推「人」的作用力，因為這位選手穿著溜冰鞋，她會因為受到牆壁給人的反作用力而向後退。又如手打牆手也會痛。

㈣萬有引力

一開始我們曾提到牛頓被蘋果砸到的故事，事實上，牛頓有沒有被蘋果打到頭的這件事情已不可考究，但是當時牛頓確實是因為蘋果樹得到啟發。

當時，牛頓先生在學校裡走著，他發現蘋果樹上的蘋果會往下掉，他想如果高高掛在2公尺上的蘋果是因為重力而掉在地球上，那距離地球38萬公里遠的月球是不是也會受到類似的影響呢？

牛頓經過觀察，如果這個力隨著距離的平方反比而減少，算出的月球軌道週期會與真實情況相當地吻合。並因此將之命名為「萬有引力」。

我們定義萬有引力為任何兩物體都有存在一個互相吸引彼此的力，此力之大小會與距離平方成平方反比，與兩物體質量乘積成正比。

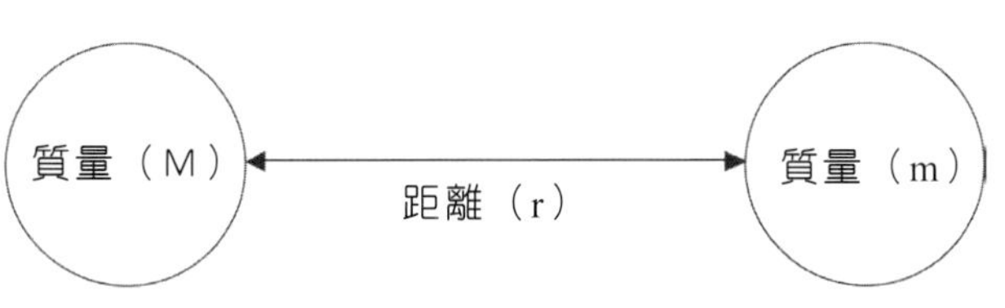

萬有引力（F）

＝萬有引力常數（G）× $\frac{M \times m}{r^2}$

牛頓蘋果樹的後代，位於劍橋大學的植物種子園

四、作功與能量

㈠功

什麼是功？功的定義為物體受力期間內，力與力延伸的方向位移相乘積，稱施力對物體作功。

功＝施力（牛頓）×沿施力方向的位移（公尺），W＝FS

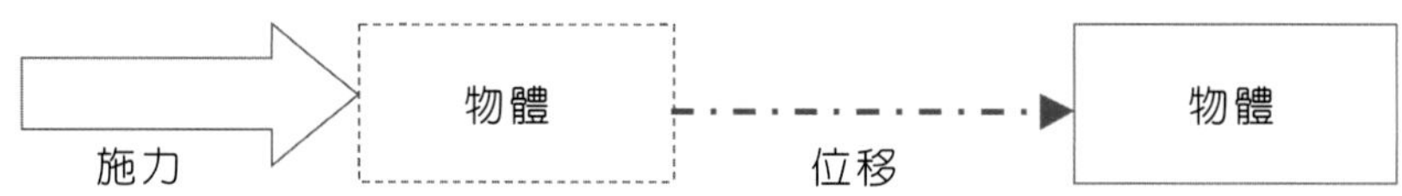

若我們拿著一個東西搭電梯上樓與拿著一個東西在平地行走，何者有作功呢？我們提著東西是施力向上，第一種情形位移向上，有作功。在平地走路，位移是水平移動，並沒有作功。

㈡能

前面我們提到了功的概念，「能」的定義為物體若有做功的能力，則物體具有能，而物體所含有的能愈大，物體可以做的功就愈多。

能的形式有很多種，除了之前光能、電能、熱，這邊介紹另外兩種能的概念，第一種為運動中的物體所具有的能量，稱之為「動能」；第二種為物體離開地面而儲存的能量，稱為「重力位能」。

動能為運動中物體所具有的潛能，舉個例子來說，同樣重量的兩物體，速度較快的一方所具有的動能即愈大。

$$E_k = \frac{1}{2}mv^2$$

E_k：動能（J）

m：質量（kg）

v：速率（m/s^2）

重力位能的存在是因為我們對一個物體施予外力使其物體離開地面，所儲存的能量，離開地面高度愈高，其能量就愈大。如圖，在愈高處的人所儲存的能量愈大。

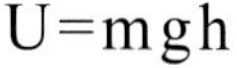

$U=mgh$

U：重力位能（J）

m：質量（kg）

g：重力加速度（m/s^2）

h：高度（m）

㈢能量轉換

能量不會突然消失也不會突然產生，這邊要說明的觀念是不同形式的能量彼此之間是可以互相轉換的，所以馬上就介紹力學能守恆力學能是動能加上重力位能的合稱，若物體在只受到重力的作用之下，力學能是不會改變的，馬上舉個例子讓大家瞭解一下這個概念：

如圖，球在A、B、C三個位置來回擺盪，過程中，重力位能隨著高度變化，動能隨著速度在變化，過程中任何一個位置的總能量不會變，而是重力位能與動能在互相的轉換。其意義為「力學能守恆」。

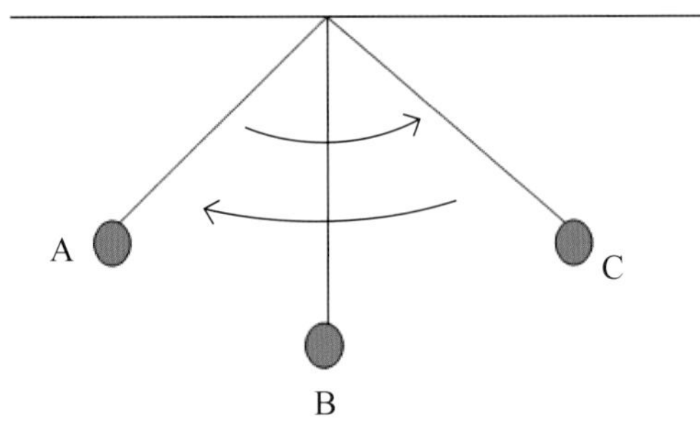

現實生活中就有很多典型的例子，例如我們在高樓上放下一顆球使其自由落下，再掉落至地面的過程中，球的速度會愈來愈大，我們可以用力學能來解釋球的運動過程，在球掉落的期間高度愈來愈小所以重力位能逐漸轉移變為動能，所以球的速度愈來愈快。但現實中，能量轉換會因損耗轉換成熱能散失。

結語

第五章為物理的部分，學習物理有兩個重點，其一為理解定義，其二為如何應用。此章節數學的部分很多，大家常常會犯的錯誤就是把關鍵的數學式子當作公式背起來而不知其所以然，任何的物理的定律都有其定義，我們再由其定義列出數學計算式並計算其結果，這才是正確學習物理的步驟。

本章容易犯錯的地方與注意事項：

這章節裡包含了力、速度、能量三個大範圍，依序為大家列出大家可能會犯的錯誤：

◎摩擦力的出現是在外界對物體施力的情形下才會產生，反之即不會有摩擦力產生。

◎只要是浮體（物體密度小於液體密度），浮力為物體重量。

◎壓力並不是力的一種。

◎能量的轉換有各種形式（如熱能轉電能、光能轉熱能等），此章節教的能量轉換為「動能轉重力位能、重力位能轉動能」。

國中的物理課程不會有很難的計算，但是觀念要建立起來，一旦觀念錯了，之後有關係的課程內容都會像骨牌效應一樣全部倒光光，觀念一旦正確，加減乘除的計算相信一定難不倒大家的。

第六章

可愛又可怕的電

——對應國中自然科第五冊第四章、第六冊第一、二章

十萬伏特
皮咖～
皮咖～

前言

「電」是日常生活中最常接觸到的能量之一，儘管「電」在生活中扮演著不可或缺的角色，但同學們對於電的認知卻相當有限，畢竟從生活中的經驗或是家中長輩們的教導，同學們都很清楚被電到可不是好玩的，所以大家對電多半抱持著又愛又怕受傷害的心態，因為這個原因，電總讓人不敢輕易去摸索嘗試，感覺不像其他自然科學如此平易近人，於是更加深了對電的神秘感，使得原本沒這麼難懂的學科，莫名地變得更為艱深。

本章節的目的主要就是希望同學們可以藉由淺顯的說明及簡單的實例，對電有一個基本的認識，讓同學明白「電」其實沒有這麼抽象難懂，也瞭解電的多用性，要知道燈泡發亮、馬達會轉、甚至金屬飾品的美觀防鏽，這些現象都跟電有著無法分割的關係，本章節就以「靜電」及「電流三大效應」來為同學們解說電的特性。

本章讀完後你會學到：

◎瞭解靜電的成因及正負電性的特性。
◎明白電的流動原理及電壓的意義。
◎學習如何計算電量及電流的特性。
◎學習如何計算電阻值及造成電阻的原因。
◎瞭解電是一種能量，透過適當的電器，可將電能轉換成其他形式的能量，如電鍋將電能轉換成熱能、馬達將電能轉換成動能、日光燈將電能轉換成光能等。
◎瞭解電池與電解之間的差異性。
◎學習利用電解原理來操作金屬電鍍。

一、靜電

(一)是誰在搞鬼！？

相信很多人應該都有這樣的經驗，觸碰鋁門窗等金屬製品時，不經意地被「刺」了一下；或是在冬天脫毛衣時，全身霹靂啪啦響，若此時是在沒開燈的房間，甚至隱約還可看到微弱的小火花；再不然就是當你不小心擦碰到別人的手時，忽然感覺被對方電了一下，同學們要小心唷，這並不意味著你們之間來電喔！其實以上的這些常見狀況，都是「靜電」搞的鬼，所以同學不難發現，靜電無所不在。

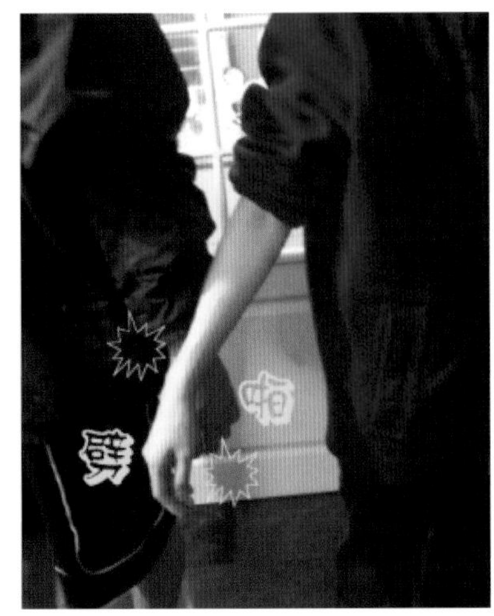

㈡靜電很安靜？

那究竟什麼是靜電呢？難道它是一種很安靜又不會動的電？當然不是囉！其實靜電一詞的由來是相較於可以流動的電（電流），它似乎是靜止不動的，所以稱之「靜電」。

那麼靜電究竟是如何產生的呢？同學們學到這裡，應該已經清楚知道物質都是由原子組成的，原子是由帶正電的原子核與環繞在原子核四周且帶有負電的電子所組成。由於原子核與電子所帶的電，彼此的電量相等但電性相反，因此原子本來應是不帶電的，物質也應如此。但是不同的兩個物質（絕緣體）經常在摩擦後，原本應該乖乖待在原物體上的電子，受到了碰撞或是摩擦產生的熱能等因素，變得不願意繼續乖乖帶在原地而跳脫到另一物體上，此時本來不帶電的兩物體，一個失去了電子而帶正電，另一個則獲得電子而帶負電，靜電因此而生。

例：(1)免洗筷的塑膠套快速撕開會黏在手上。

(2)撕開的保鮮膜易糾結成一團。

(3)電風扇葉片總是吸附較多灰塵。

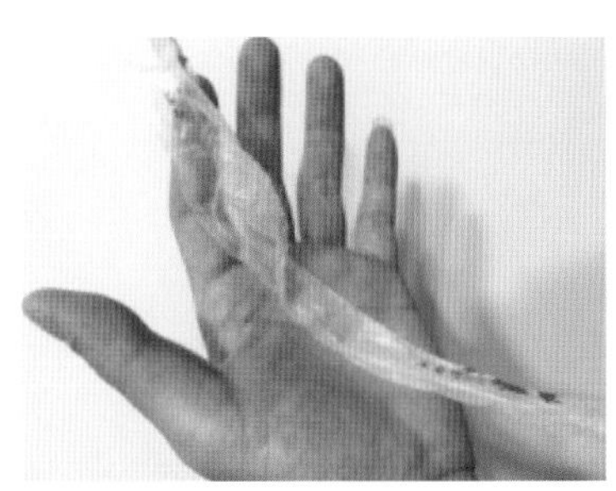

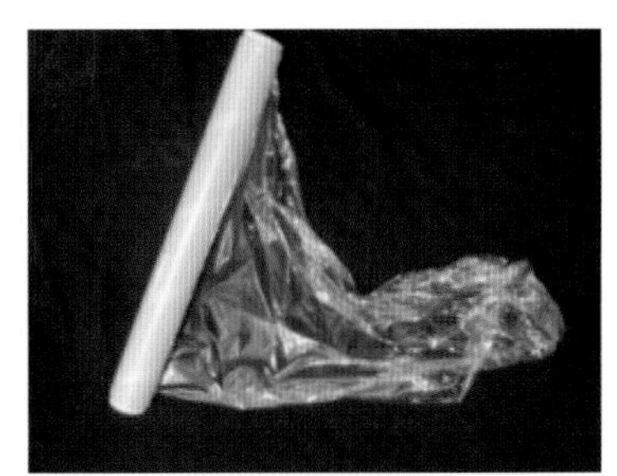

㈢靜電很夠勁！

靜電是一種物理自然現象，這種現象在天氣乾燥的情況下非常多見。生活中常接觸到的物品如毛衣、地毯、坐墊、牆紙等受到摩擦，都會產生靜電。根據實驗得知，人在地毯上行走所產生的靜電可高達上千伏特，而穿脫毛衣時所產生的靜電更可高達上萬伏特，在這樣的電壓下，不僅會產生電火花，使人有刺麻的感覺，也可能對身體健康造成影響。靜電干擾甚至會影響心肌正常運作，在較易產生靜電的冬季，心血管疾病有相當高的比例都與靜電有關。

還不只這些呢！靜電還會影響人體中樞神經，使人感到頭疼、疲勞，甚至影響情緒。所以靜電的預防，其實也是不容小覷的唷！

註：伏特為電壓單位，而一般家用電為110～220伏特。

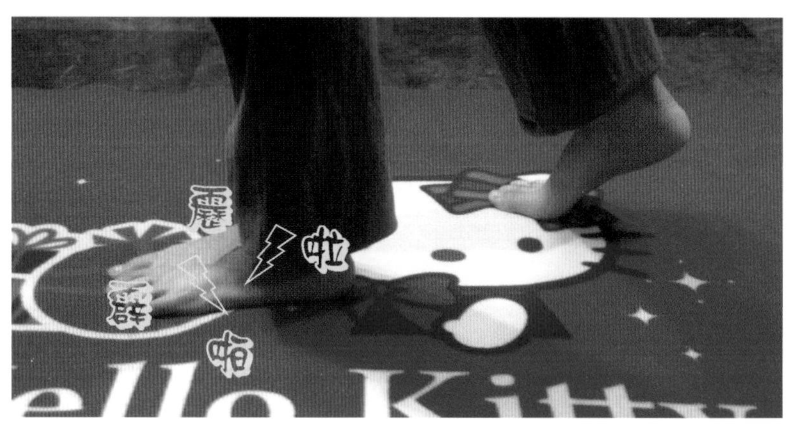

㈣閃電、靜電一家親

由前文可知，看似一般的靜電，卻沒想到它竟可以如此強大，對人類有著這麼多的影響，不過以上提到生活中的實例都還不夠描述靜電的威力。那麼靜電究竟可以強大到什麼地步呢？同學們應該都知道閃電吧，也不乏親眼看見閃電的機會，對於閃電的威力相信也不用在此多加贅述，而閃電可說是強大靜電的最佳代表作，其產生的原理簡單來說是由於空氣對流作用，使得雲層相互摩擦而帶靜電，當帶電的雲層靠近地面時，地表因靜電感應而帶異性電。當電力夠強大時，將發生正、負電荷中和而產生大規模的放電現象，形成閃電並發出巨大雷聲。而閃電的高能量將使周圍空氣迅速增溫，迫使空氣體積劇烈膨脹產生巨大聲響，即所謂的雷聲。

㈤冬季防寒也要防靜電唷！

乾燥是靜電好發的環境，冬天因為氣候較為乾燥，相對靜電也較容易產生。所以平時的活動場所以及自身皮膚，若能保持適當濕度，都將有助於減少靜電的產生喔！當然，靜電產生的原因以及預防方法不只有這樣，所以就讓我們一起來看看，究竟什麼情況較容易產生靜電以及如何做好防治措施吧。

1. 空氣乾燥的環境

乾燥的空氣容易蓄積電荷，此時人在當中活動與物體接觸碰撞所產生的靜電就不容易被排除，所以在室內種些花草盆栽，不但美觀、修身養性，還可讓環境保持適當的濕度，減少靜電發生，算是一舉數得唷！

2. 皮膚乾燥的人

皮膚過於乾燥也容易蓄積電荷，若再加上環境乾燥，將更容易受靜電困擾。因此皮膚的保濕，除了抗老化之外，更可以有效防止靜電騷擾唷！另外許多3C設備如電腦螢幕，容易生成、釋放電荷，所以長期使用電器設備的人也要注意，將電器加裝地線，使其生成的靜電可傳導致地面，避免人體吸收。

3. 毛質、化纖的衣料

穿著毛質或化學纖維衣料時，這些物質經摩擦後很容易產生靜電，所以若平時活動空間環境乾燥，或是本身膚質乾燥的人，更應該避免穿著這樣的衣物，儘量多穿棉質布料，不但透氣吸汗，亦可減少靜電的產生。

二、電與熱的親密關係

能量有許多型態，而「電」和「熱」都是能量的一種，也是我們在日常生活中最容易體驗到的能量，如果仔細觀察平時常使用的電器，同學們將不難發現，其實電能和熱能常常先後發生，甚至伴隨發生。

比如電鍋、吹風機或是電暖爐等，它們都會將電能轉換成熱能，當然這本來就是它們的功用，產生熱能理所當然，但有些比如說像冰箱或冷氣好了，這可不是為了產生熱能而創造出來的電器啊，但當這些電器使用一陣子，同學們用手去摸摸看包覆在電線外圍的塑膠皮，可以感覺到熱熱的，這說明了不論該電器功能為何，只要電流通過，都將伴隨熱能的產生，這樣的現象，我們稱之為「電流熱效應」。然而它們之間有著怎樣關係呢？就藉由本章節來好好一起深入探討吧！

(一)電的三要素——電流、電壓與電阻

電流熱效應在生活中的應用極為廣泛，其實原理並不難，但若想要徹底瞭解這個原理，我們還是需要按部就班地先從電的本質來下手，也就是「電壓」、「電流」及「電阻」這三方面開始。

1. 電壓（V）

$$V=\frac{E}{Q}$$，單位電量通過時所耗費的電能

又稱「電位差」。電壓是電路中驅動電子流動（電子流）的原動力，電壓單位為「伏特（V）」。同學們應該知道，水由高處往低處流，低處的水需藉由抽水馬達的推動，才能流向高處，造成水位差，如此水才能不斷由高處（高水位）流向低處（低水位）。同理，導線中的電由「高電位」往「低電位」流動，所以電也需要有電位差（電壓）才能流動，而造成電位差的裝置就是電源。電源不斷將已流到「低電位」的電再推向「高電位」，如此電才能不斷地繼續由高電位流向低電位，反覆循環而形成電流。

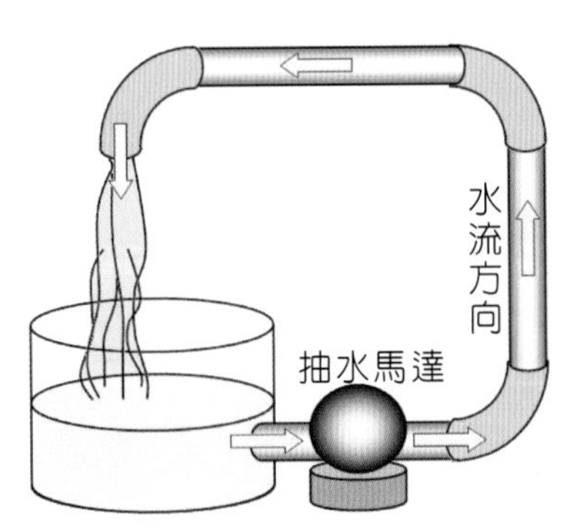

水流↔電流
水管↔導線
抽水馬達↔電池
水位差↔電位差

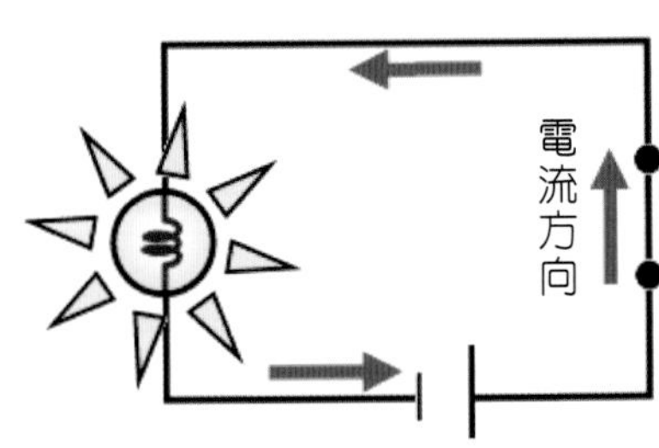

2. 電流（I），$I = \frac{Q}{t}$

電流是指電荷在導體中流動，而電流的大小是指該導體截面在單位時間內所流通的「電量（Q）」，電流單位為「安培（A）」。至於什麼是電量呢？講白話一點電量就是電荷量的多寡。而計算電量的單位則可分為以下兩種：

(1) 基本電荷（e）

一個質子或一個電子所帶的電量即是1個基本電荷，只是正負電性不同。

(2) 庫侖（C）

由於一個基本電荷的電量過小，影響有限，所以我們在計算電量有另一個實用的單位即為庫侖，由6.24×10^{18}個基本電荷累積成的電量，定義為1庫侖（C）。

$$1C = 6.24 \times 10^{18}e \rightarrow 1e = 1.6 \times 10^{-19}C$$

註：一個質子所帶電量為「$+1.6 \times 10^{-19}$ C」。
一個電子所帶電量為「-1.6×10^{-19} C」。

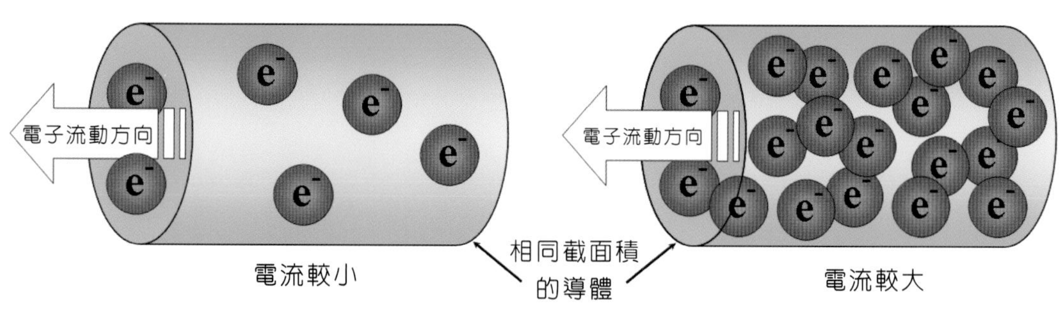

3. 電阻（R）

即電荷流通時的阻礙。電在導體中移動時會和組成物質發生摩擦，形成流動的阻礙，稱為電阻。電阻值的大小代表著電荷在導體中流動的難易程度，其值愈大，則愈難流動。電阻單位為「歐姆（Ω）」。

⑴ 電阻值的計算公式：

$$R=\frac{V}{I}$$

V：兩端電壓：伏特（V）
I：通過電流：安培（A）
R：電阻：歐姆（Ω）

⑵ 相同材質時，溫度愈高，電阻愈大。但在溫度固定的情況下，影響電阻大小的原因主要還有三種，分別為導體的材質、長度及截面積（粗細）。

①材質：不同材料的導體其電阻值亦不相同，這和該導體組成的原子密度以及電子和原子碰撞的頻率有直接的關係。

②長度：在其他條件固定下，電阻值和導線的長度成正比。

③截面積：在其他條件固定下，電阻值和導線的截面積成反比。

第②點和第③點其實我們可以由馬路及車流量來做聯想，試想一條寬且短的大馬路理當比一條窄又長的小街道更順暢的多。

寬大的馬路車流順暢

窄小的巷弄車流壅塞

另必須提到的「歐姆定律」：導體兩端電位差和通過電流的比值為定值。但並非所有的導體都遵守歐姆定律，如「二極體」。

(二)電流的熱效應

1. 為何電流通過時會發熱？

當電荷在導線內流動時，會和組成的物質發生摩擦撞碰撞。而電荷在流動時並不是走直線，因此碰撞的頻率相當地高，可高達每秒一兆次！碰撞會產生熱的道理就如同摩擦生熱一般，電荷不斷地撞擊，於是產生了熱，便會使導線升溫。

2. 燈泡發光更發熱

傳統燈泡就是很典型電流熱效應的應用，為了要使金屬燈絲發光，電流在通過燈絲時，必須讓燈絲溫度上升到2500℃，由於所需溫度過高，一般金屬根本無法勝任，一下子便燒熔斷裂，當時發明燈泡的愛迪生為了找出適合的材質，實驗了至少上千回，最後終於找到了「鎢」這個金屬，鎢的熔點高達3415℃，足以擔當燈絲的重責大任。為了讓鎢絲能夠迅速地被加熱升溫，必須想辦法提升其電阻值，以增強電流熱效應，於是鎢絲被作成螺旋狀細絲，一般燈泡中的鎢絲取出拉直後，可伸長到一公尺之多，如此又細又長的鎢絲，電阻值被大幅的提升，故一通電便可迅速地加熱至所需溫度，放出光亮，從此人們因為愛迪生的偉大發明，進入了光明的時代。

然而傳統燈泡是將金屬加熱到高溫使之發光，大部分電能（95%）都轉換成熱能，只有少部分電能（5%）轉換成光能供人們使用，所以傳統燈泡相較於日光燈或是現在普遍使用的省電燈泡，是相當不環保的喔！

3. 電能和電功率

電能為電量和電位差乘積，和電流，電阻等有下列關係：

$$E = QV = IVt = I^2Rt = \frac{V^2}{R} \times t$$

又功率為單位時間所消耗的電能，也有下列之關係：

$$P = \frac{E}{t} = IV = I^2R = \frac{V^2}{R}$$

當電路串聯，電功率和電阻成正比。

當電路並聯，電功率和電阻成反比。

三、電與磁的共生關係！

「呼叫塔台，我們遭受雷擊，需要緊急迫降……」這是一段在西元2005年，一架法國的空中巴士，在發生空難前對塔台發出的緊急呼救，當時天候惡劣、雷電交加，無法降落，機長原本想在空中盤旋，等待較佳的降落時機，但很不幸地這架飛機在盤旋過程中被閃電擊中而失去動力，機長當機立斷需要緊急迫降，但由於能見度極差，再加上機上的電子羅盤及通訊設備失靈，造成飛機降落時偏離跑道，飛機在強烈衝擊下隨即起火……。

其實飛機本身具有避雷效果，不容易因為雷擊而失事，但經事後查發現，造成電子羅盤及通訊設備失靈的主要元兇就是雷擊，那麼，閃電究竟是如何讓好端端的儀器失靈呢？原來電流周圍會產生磁場，閃電具有的強大電流產生了強大磁場，干擾了電子羅盤及通訊設備，使之失靈，才造成了本次空難。所幸機上所有人員最後全都安全脫困。

本章節主要是要談論「電」和「磁」之間存在的相互關係，瞭解電與磁對人類有何影響及幫助。

(一)電流的磁效應——電生磁

1. 電流磁效應的發現

西元1819年，厄斯特正在課堂上教授電學時，偶然發現一條通有電流的導線，靠近一個可以自由轉動的磁針。結果驚訝地發現磁針竟然發生偏轉。如果使電流反向流動，磁針竟也跟著反向偏轉。厄斯特也想過會不會是導線本身有磁性，牽引著磁針轉動呢？於是他再將沒有電流通過的導線和磁針放在一起，結果磁針不動如山，這說明了導線本身不具磁場，無法牽引指針偏轉，而通電的導線周圍卻有磁場存在，於是厄斯特合理假設產生
角便是通過的電流，而且電流的方向可以決定磁場的方向
多實驗，試過了許多材質的導線，發現都有上述的現象

之後，他發表了電和磁場有密切關係的論文，於是厄斯特被稱為發現電流磁效應的第一人。

2. 安培定律與安培右手定則（右手定則）

法國科學家安培很小的時候就被發現才智出眾，興趣廣泛。據安培自己後來回憶說，在十八歲時就已經完成他所有的數學知識。

西元1820年，厄斯特發現電流磁效應之後，引起安培的強烈興趣，安培馬上開始集中精力研究，短短幾週內便提出了安培右手定則，藉以判斷電流磁場的方向。隨後在幾個月內更提出了安培定律，藉以判斷電流磁場的強度。

(1) 安培定律：

①通電的**長直形導線**在其周圍的磁場強度：

與導線上電流的大小成正比，和導線間的距離成反比。

②通電的**環形線圈**與**螺線管**的磁場強度：

與導線上電流的大小成正比，和單位長度內線圈的圈數成正比。

(2) 安培右手定則：

①通電的**長直形導線**在其周圍的磁場方向判斷：

右手大拇指的指向表示直導線上電流的方向，右手其餘四指彎曲所指的方向表示磁[illegible]方向。

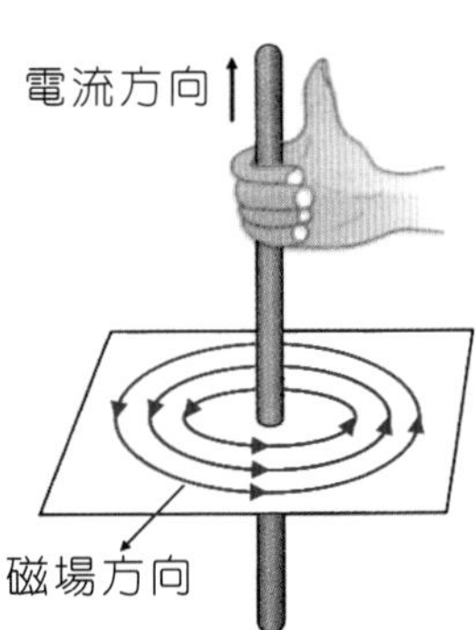

②通電的**環形線圈**與**螺線管**的磁場方向判斷：
右手四指彎曲指向表示線圈上電流的流向，右手大拇指所指的方向表示線圈內部的磁場方向，也是將線圈視為圓盤型或圓柱型磁鐵的**N極**所在位置。

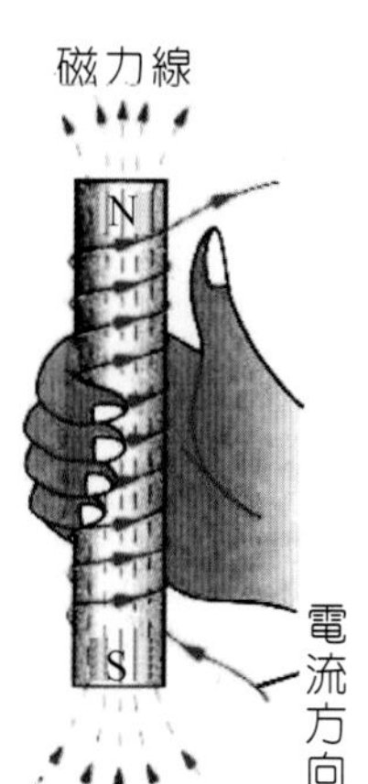

4. 生活中電流磁效應

同學們千萬不要以為「電流磁效應」這艱深的原理只能應用在高科技產物或是貴重研究儀器之類的產品，事實上，利用電流磁效應所發展出來的產品已經非常普及到一般日常生活都接觸得到，舉凡如電鈴、家用電話、電動機、強力電磁鐵等，都是利用這原理所開發出來產品，同學們如果願意去仔細探究，將不難發現電流磁效應其實和我們的日常生活有著密不可分的關係。以下就讓我們用圖解的方式，一同去瞭解這些常見的家用電器，究竟是如何運用電流磁效應來運作的。

(1) 電鈴：

當開關一接通時，電流隨即在電磁鐵處產生磁場，吸引鐵片讓小鎚敲擊銅鈴，發出「叮」的一聲，此時本來與斷電器緊貼的彈簧片因電磁鐵吸引而分離，造成斷電，電磁

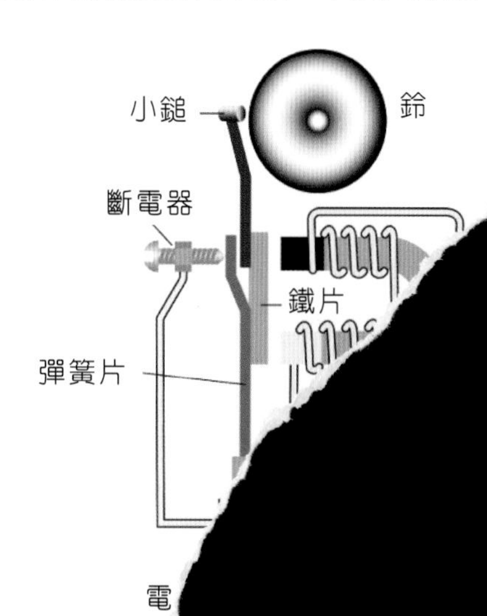

鐵磁場也旋即消失。失去吸引的彈簧片又回到原位，與斷電器貼緊，電流再度流通，電磁鐵磁場再度恢復……。如此不斷循環，週而復始，便可持續產生「叮、叮、叮」的響聲，提醒屋內主人了。

(2) 電話：

講話的聲音振動鋁膜片，壓縮話筒中碳粉，由於聲音大大小小，碳粉被壓縮的程度也不盡相同，於是不斷改變碳粉的電阻值，造成電路中的電流大小也不斷被改變，在聽筒一端裝有電磁鐵，產生的磁力會吸引靠近耳朵的發音薄膜，然而磁力強度也隨聲音大小而有所不同，於是便可產生不同的聲音傳至耳朵。

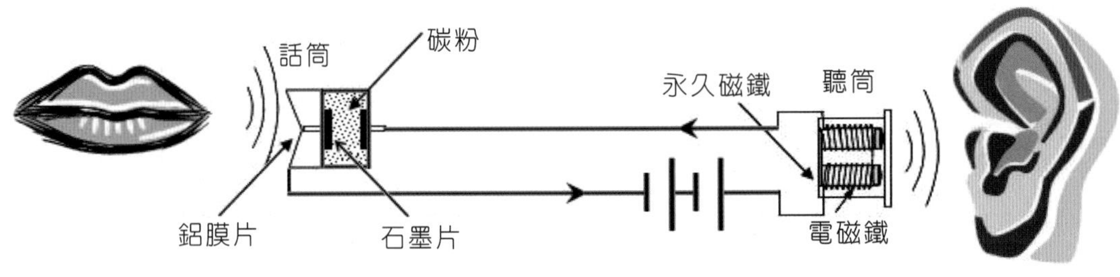

電話原理示意圖

然而電話所運用到的電學原理事實上不只有電流磁效應喔，仔細觀察沒有發現，其實在話筒的部分所運用到的是之前所學過的電阻值聽筒的部分才是電流磁效應的應用喔！

㈡磁生電

1. 法拉第的偉大貢獻——感應電流

既然電流可以產生磁場，當時英國最有名的科學家法拉第心想，那麼磁場能不能產生電流呢？其實早在法拉第之前，人們對電學已經有相當的研究，甚至也已發明所謂的「電池」了（即伏打電池），但「電」這玩意兒仍屬於貴族與科學家的專屬「玩具」，儘管科學家知道電對人類有很多用處，但在當時實用性並不高也不普及，主要原因也是因為人們一直無法有效地產生「電」。

直到西元1831年，法拉第在一次實驗中以二百二十尺長的銅絲，繞成一個中空的圓柱形，並接上電流計，理所當然的此時銅線上沒有電流；然而幸運往往伴隨努力不懈、不懼失敗的人，法拉第將手邊一塊圓柱形的長條磁石（厚為四分之三吋，長為八吋半）放入繞好的圓柱形銅線圈中，準備做相關實驗時，忽然發現電流計上的指針移動了一下便立即停止，在驚訝之餘法拉第趕緊將磁石抽出，此時指針又動了，這現象和以往的實驗結果截然不同，讓法拉第又驚又喜，於是他開始檢討這次實驗和以往的差異，很快地法拉第發現磁石與導線的相對運動關係是主要決定因素……的實驗，磁石和導線都是靜止的，然而這次實驗讓法拉第發現……流，必須讓磁石和導線彼此間有快速的相對運動。法拉第展……

關實驗，證明電流計指針的移動不是偶然的，而是真真實實地在導線線圈上產生了電流通過。

這樣的現象即稱之為「電磁感應」，而此電流即為「感應電流」。法拉第更進一步經實驗後提出法拉第定律來說明感應電流的大小如何判斷。這樣的實驗結果最後也讓法拉第發明了全世界第一部發電機，而法拉第的偉大不僅在於學術上的成就，更彰顯在他高尚的人格，法拉第不慕榮利、虛懷若谷，放棄任何金錢的酬報，將這一項偉大的研究發明公諸於世造福世人後，便再度回到實驗室繼續工作。

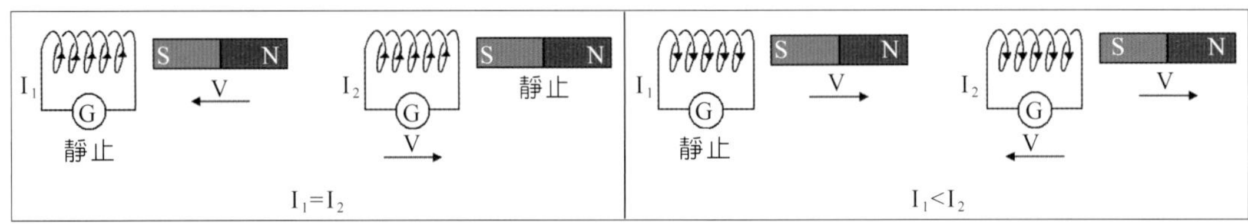

磁鐵與線圈的相對運動速率愈大，所產生的感應電流也愈大

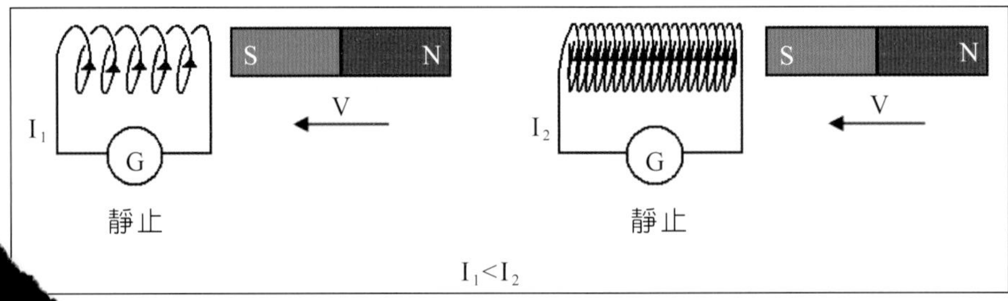

單位長度內的線圈圈數愈多，產生的感應電流愈大

2. 磁生電的應用——電梯緊急煞車系統

許多城市由於人口密集，寸土寸金，為了有效利用土地，房子蓋得一棟比一棟高，在這樣的高樓中，電梯鐵定是不可或缺的移動工具，然而可有同學想過，當載滿乘客的電梯，忽然牽引電梯升降的鋼索斷裂，電梯失去支撐力而開始下墜，此時該如何是好！

電梯在設計時，應該早已經設想到會有這樣的情況發生，而設有緊急煞車系統，然而這套系統是用來保命的，可不能有任何故障的機會發生！如果使用類似汽、機車的煞車系統，利用摩擦力來停止下墜中電梯，那麼當此系統磨損或是煞車失靈時，後果堪慮啊！那如果在電梯底部及最底層分別裝設一個電磁鐵及永久磁鐵，當墜樓意外發生時，利用通電使電梯的電磁鐵產生與最底層磁鐵同極的磁場，藉著同極相斥的原理將電梯停住，這看似可行喔，但若不巧遇上停電，恐怕裡面的乘客也是凶多吉少吧！

那麼到底該用什麼方式或原理來執行緊急煞車系統才適當呢？答案就是「電磁感應」，我們可在電梯底部先裝設一個永久磁鐵，然後在最底層裝設線圈，當電梯不不幸下墜時，底層線圈感應到快速變化的磁場，必會產生感應電流，而感應電流所產生的磁場也必會想抵抗這突然靠近的磁場（電梯），如此勢必能使電梯停下，而且感應電流與電流磁效應都是必然發生的事件，絕對不會有故障的機會發生，這方法是不是很聰明啊！當然，永久磁鐵的強度以及線圈的圈數等重要參數，還是需先交由專業工程師計算後才能確定，絕對不是隨便套用即可的唷！

四、電與化學的特殊關係

我們經常使用到的電池，和氧化還原竟然有著密不可分的關係！本章節將帶領各位同學一起明白，究竟如何將氧化還原的知識運用在電池的原理製作上。

所謂氧化還原其實和組成物質的原子其外層電子的得失有關，所以現在我們必須將物質放大來看，觀察組成原子的變化，才能明白氧化還原的真正意義。一般來說，若原子在反應過程中失去電子，我們定義為氧化；若是獲得電子，則被定義為還原；透過這樣的定義，我們不難發現，原來所謂氧化還原，並非只和氧的得失有關。

舉個例子來說明一下，$CuCl_2 + Zn \rightarrow ZnCl_2 + Cu$，這其實也是氧化還原反應喔！反應前，銅因為少兩個電子故帶+2的電，而鋅則為不帶電的原子狀態，為電中性；但反應後，鋅失去兩個電子並帶+2的電，而銅卻獲得兩個電子，還原成不帶電的銅原子，對照上述的定義我們發現，鋅在反應中失去電子成為氯化鋅，為氧化反應；氯化銅的銅在反應中獲得電子還原成銅原子，為還原反應，而總反應即為氧化還原反應。

那為何會有得到電子與失去電子的現象呢？其實大部分的金屬原子都有丟掉電子的趨勢，只是強弱有別罷了，在上例的反應中，鋅原子丟電子的能力大於銅原子，故鋅原子能丟出兩個電子，而氯化銅的銅實際上則是被迫接受了這兩個電子而還原成銅原子。

㈠電池

1. 伏打電池

十八世紀末（1771年），義大利醫生賈法尼在解剖青蛙觀察時意外發現了一個現象，當他以銅製的解剖刀觸碰到鋅盤上的青蛙時，青蛙的腿會發生抽動的現象，當時賈法尼還未能解釋此現象，甚至他以為自己找到了掌管生物生死的關鍵，但顯然並非如此。直到1800年，另一位義大利科學家伏打對賈法尼的發現深感研究興趣，伏打模擬當時解剖的情形，利用鋅製的圓板和銅製的圓板代替當時的解剖刀和鋅盤，而中間以含有飽和食鹽水的溼抹布取代青蛙，並串接成一柱狀，再以導線連接頂端的鋅板與底端的銅板，此舉竟讓他製成了最早的電池，即為伏打電池。

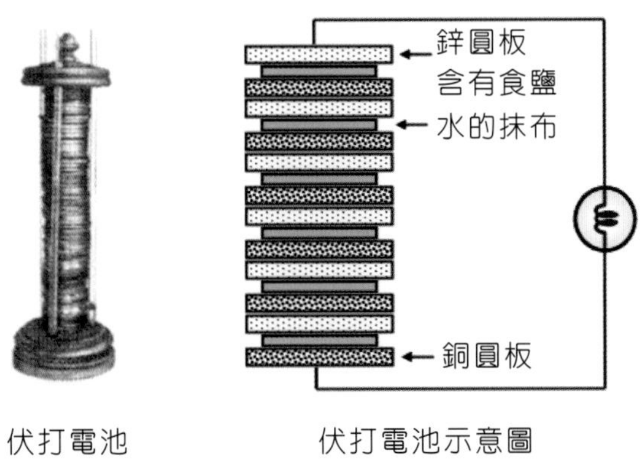

伏打電池　　伏打電池示意圖

2. 鋅銅電池

為了能清楚解釋電池產生電流的原理，我們使用鋅銅電池搭配圖示來加以說明。圖中鋅片和銅片分別當作電池的兩極，由於鋅失去電子的能力大於銅，所以在反應時，鋅極會失去電子而氧化，形成鋅離子（Zn^{2+}）溶於硫酸鋅水溶液中，是為負極；鋅極失去的電子沿著導線流動到銅極，此時硫酸銅水溶液中的銅離子（Cu^{2+}）獲得電子而還原成銅，是為正極**註1**。

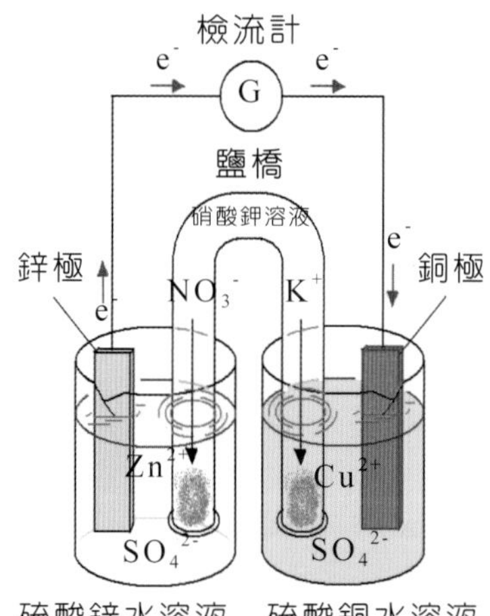

鋅銅電池離子移動示意圖

我們觀察兩極的變化，將可發現鋅極因為不斷變成成鋅離子（Zn^{2+}）溶入硫酸鋅水溶液，所以鋅極變得愈來愈輕薄；而硫酸銅水溶液中的銅離子（Cu^{2+}）因為不斷獲得電子變成銅，析出並吸附在銅極上，所以銅極變得愈來愈厚重。

事實上，類似這樣的電池很多，只要兩極不是相同金屬，有氧化電位**註2**的差異即可，氧化電位強的金屬，當電池的負極，失去電子發生氧化反應；氧化電位弱的金屬，當電池的正極，獲得電子發生還原反應。

註1：鋅銅電池的正負極反應式：

①負極反應：$Zn \rightarrow Zn^{2+} + 2e^-$。故負極反應為氧化反應。

②正極反應：$Cu^{2+} + 2e^- \rightarrow Cu$。故正極反應為還原反應。

③總反應：$Zn + Cu^{2+} \rightarrow Zn^{2+} + Cu$。總反應包含了電子的得失，故總反應為氧化還原反應。

註2：氧化電位即原子失去電子的能力強弱，在先前氧化還原的章節已有交待。

你知道嗎？

由上頁的裝置圖中我們可以發現，在鋅（負）極和銅（正）極的電解液分別為硫酸鋅及硫酸銅水溶液，那麼是否只能使用這兩種電解液呢？

答案：

事實上還有其他許多電解液可以使用，但為了避免電解液和電極發生不必要的化學反應而影響實驗，我們在選取電解液時，通常會使用和電極相同的金屬離子之電解液，如鋅極的電解液一般使用硫酸鋅或硝酸鋅。

(二)電流的化學效應——電解

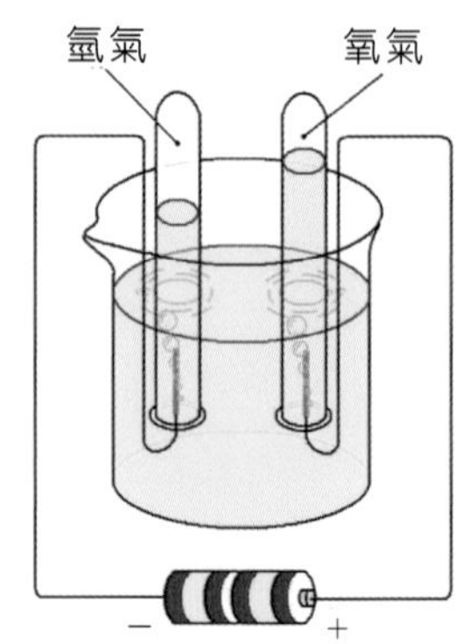

如同先前所學的電流兩大效應一樣，電流的化學效應也是因電流而起，當有電流通過時會有化學反應伴隨發生，這樣的現象又稱「電解」，但比較不同的是，前兩大效應所討論的都是當電流通過固體導體時所發生的物理現象；但在這裡，我們所要討論的電流可不同了，它是發生在電解質水溶液中的一個效應，而且是化學變化喔！接下來就用一個簡單的電解反應，讓同學們輕鬆瞭解電流化學效應的反應原理。

當我們將電池正負極連接導線直接插入裝水的燒杯中，發現什麼反應也沒發生，主要是因為水其實不易導電。為了幫助導電，應先在燒杯中加入少量的氫氧化鈉或硫酸（其原因在前面的「電解質」章節已有說明）。此時我們將電極插入電解質水溶液中，發現正、負極都有氣泡冒出，再利用兩個裝滿水的試管，做排水集氣法收集正、負極所產生的氣體，經檢測後確認正極所產生的氣體為氧氣（O_2），負極所產生的氣體為氫氣（H_2），我們成功地將水分解成氧氣及氫氣，而造成反應發生的主角便是電流。

正、負極反應式：

(1)負極反應：$2H^+ + 2e^- \rightarrow H_2$

(2)正極反應：$4OH^- \rightarrow 2H_2O + O_2 + 4e^-$

(3)全反應：$2H_2O \xrightarrow{\text{電解}} 2H_2 + O_2$

但究竟原理為何呢？首先我們要知道，水其實可以微微的解離成氫離子及氫氧根離子（$H_2O \rightarrow H^+ + OH^-$），當電池負極的電子透過導線傳遞至水溶液時，溶液中的氫離子流向負極接收電子並還原成氫氣（$2H^+ + 2e^- \rightarrow H_2$），但總要有人把電子還給電池，好讓它維持通路吧，此時溶液中的氫氧根離子流向正極，釋放自身的電子（$4OH^- \rightarrow 2H_2O + O_2 + 4e^-$），透過導線傳回電池。由於氫離子及氫氧根離子都是由水所提供，故總反應式可寫為：

$2H_2O \xrightarrow{\text{電解}} 2H_2 + O_2$。

㈡幫金屬穿新衣囉！

很多時候我們製作出一些金屬製品，可能會害怕它生鏽，或是希望它能更美觀，於是會在該製品的外層再覆上一層金屬薄膜，如鐵製品外層覆上鋅可以防鏽，或是金屬餐具覆上銀更顯美觀，這種幫金屬穿新衣的方法稱作「電鍍」，而電鍍便是電解原理的應用喔！

同樣地這裡也用一個簡單的電鍍反應來說明究竟是如何利用電解原理來幫金屬穿新衣。

在講述電鍍之前，有些名詞同學們必須要先瞭解，就是「擬鍍金屬」及「被鍍金屬」，以我們現在要說明的「鋅上鍍銅」這個例子來說，銅為被鍍金屬，鋅為擬鍍金屬。操作方法很簡單，先調配一燒杯的硫酸鋅水溶液，硫酸鋅為電解質，在溶液中會解離成硫酸根離子（SO_4^{2-}）及鋅離子（Zn^{2+}），而鋅離子（Zn^{2+}）可是這次電鍍的實驗的重要角色喔！

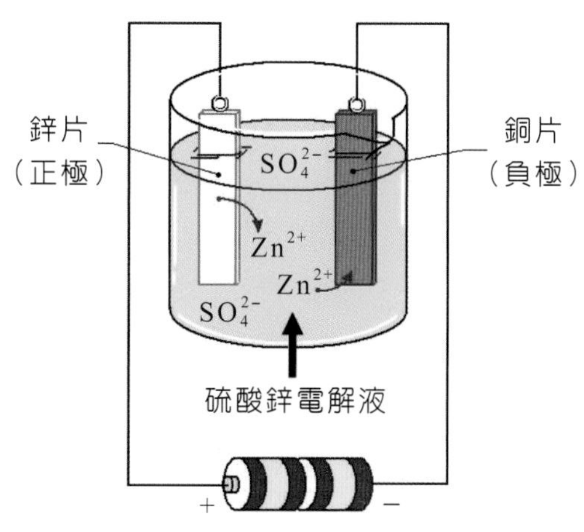

接下來將擬鍍金屬（鋅片）連接電池的正極，被鍍金屬（銅片）連接電池的負極，一同放入硫酸鋅水溶液中，此時電池負極的電子透過導線傳遞至水溶液，溶液中的鋅離子流向負極接收電子還原成鋅原子並附在銅片表層（$Zn^{2+} + 2e^{-} \rightarrow Zn$），如同電解一樣，總要有人把電子還給電池，好讓它維持通路，但此時是鋅片釋放電子，透過導線傳回電池，而自身氧化成鋅離子（$Zn \rightarrow Zn^{2+} + 2e^{-}$）溶於水溶液中，如此一來溶液中的鋅離子便可源源不絕地鍍在銅片表層，不用多久，銅原本紅棕色的外表就變成銀白色了，儼然像穿了件新衣一樣。

正、負極反應式：

(1)負極（銅片上）反應：$Zn^{2+} + 2e^{-} \rightarrow Zn$

(2)正極（鋅片上）反應：$Zn \rightarrow Zn^{2+} + 2e^{-}$

(3)總反應：Zn（正極）→ Zn（負極）

你知道嗎？

電鍍時我們使用電池（直流電）當作電源，如果今天不小心使用到交流電當作電源的話，將會有什麼現象發生呢？

答案：

交流電的方向會不斷對調，導致正負極也會不斷對調，那麼理所當然的「擬鍍金屬」和「被鍍金屬」角色也會不斷互換，以本例來說明，才剛鍍上銅片的鋅立刻又會因為正負極互換的關係溶入水溶液中，緊接著又鍍回原（鋅）極，如此反復來回不會有什麼電鍍效果出現，只是純粹地浪費電及時間而已。

結語

電的基本特性以及電流的三大效應，在本章節看似淺顯的內容，其實是由許多偉大科學家經過不斷地研究、實驗所累積下來的成果。同學們可能沒想到，一二百年前那些科學家所提出的這些理論，對我們今日的科技文明有著多麼深遠的影響。科技發達的今日，電帶給人們數不清的便利，也豐富了我們的生活，但大多數電器的運作原理其實都是由這些理論、這些效應加以應用，所以同學們不要小看現在所學的內容，只要好好融會貫通、加以應用，說不定你也可以成為一個小小發明家喔！

但畢竟「電」是同學們比較少接觸或學習到的學科，所以有些在學習上需要特別留意的部分，在此也幫同學們稍做回顧，希望大家都能成為電學達人喔！

本章容易犯錯的地方與注意事項：

◎導體可以讓電流流通，但靜電只能形成於絕緣體或被絕緣的導體上。

◎電之所以能流動，是因為有電位差的存在，就好比水能流動是因為有水位差的道理一樣。

◎「基本電荷」和「庫侖」之間的電量轉換，常是同學們容易出錯的地方，轉換時務必要小心謹慎喔，一不小心很容易就算錯了。

◎任何物質都有電阻值，就算是良導體也一樣，或多或少罷了；良導體的電阻值很小，而絕緣體的電阻值很大。

◎電流三大效應（電流的熱效應、磁效應及化學效應）都是因為有電在流動而伴隨發生的現象，電流消失則該效應跟著消失。

◎電池是由化學變化來產生電，所以電池不是電流化學效應的應用。

◎電鍍是利用電解原理（電流的化學效應），切記，被鍍的金屬要放在正極。

編後語

認識陳大爲老師，是今年發生在我們身上最美好的事！

希望同學們買到這本書，是求學生涯中所發生最美好的事！

對於補習班商業化的無情假意招生，似乎會傷害到學生與我彼此交心的信任。長久下來，學生與家長常對我說：「我們很喜歡上陳大為老師的課，但是很討厭那個補習班的招生做法！」，令我有很深的無力感。近年來，除了要求自己的直屬教學點（大集美補習班、大遠見補習班、大福欣補習班）一定要好好對待學生、教導學生，期待成為我理想中的「模範補習班」之外，也慎選結盟合作的補習班，全力維持我在補教界清流的美譽。

然而，所結盟補習班畢竟是他人所經營的補習班，我能干預的能力實在有限，所以，在去年國中基測之後，索性就趁空檔，拿起電話，一一親自打電話拜訪關心。當時補習班行政人員告訴我，基測之後，學生與家長接到各補習班的招生電話已接到手軟，所以回應電話的語氣通常不會是太好，要我有心理準備，甚至考慮是否可以不要打電話，以免被言語侮辱，讓名師的顏面盡失。

然而，我想都沒想，做對的事情何必考慮！於是，我在當天僅僅一個晚上，打了近百通我自己學生的關心電話，內容主要是關心他們的基測考試結果以及是否願意繼續就讀我的高中化學班。結果，接電話的大多數家長他們的反應，都出奇地熱情！原本我只計畫一通電話約講三至五分鐘就好，沒想到這些未曾謀面卻非常熱情的家長，一聽是我親自打來的電話，居然就好像已經結識許久的好友般，平均都跟我講了約十幾分鐘，害我耳朵痛、嘴巴乾，體內的血卻在沸騰！

我非常清楚為何這些家長根本沒跟我見過面，卻對我如此熟悉！那是因為他們常在家裡聽到學生提起我，家長們早已感佩我對學生的熱情、對教學的執著，今天終於可以跟我通上電話，存放在心中許久的感情能量，當然就毫無保留地釋放出來了，不論學生基測結果如何，他們都肯定我是一位可以舉雙手推薦的好老師。所以，當我詢問他們是否願意讓同學們與我在高中繼續奮鬥下去，除了有一些現實的問題之外，絕大多數的家長都相當支持，甚至原本只是還在考慮、卻立刻改變主意決定願意上課，讓我非常感動。

其中最讓我感動的是一位謝姓家長。她說她的孩子原本在國一國二時成績還不錯，但因為對數理一直很頭痛近乎到了厭惡，絕望之餘，這位謝媽媽在多方管道打聽之下知道了我，所以孩子上國三之後就立刻報名我的理化班，沒想到小朋友從原本的排斥理化變成喜歡，甚至產生了自信，這讓她相當意外。她在電話中直呼：「認識陳大為老師，是今年發生在我們身上最美好的事！」我聽完，一口氣激動到哽在胸口，半晌才回答說：「謝謝您！這真是我最大的榮幸！」

與其他補習班、其他補教老師不同的是：我從來不把招生當成是我最大的壓力！我最大的壓力來源是「家長與同學對我的熱情信賴與支持」！這種壓力，我早已將它轉變為我教學上的最大支持力！率性如我，知道身負如此巨大的任務，豈能不肝腦塗地！教學成果的斐然，讓我的教學總部所接到的洽詢電話與訊息如排山倒海，我清楚全國有許多同學也相當需要幫助，寫一本國中學生的理化啟蒙書，是勢在必行的事。儘管你們也許無法親自來上我的課，但是我希望這本書，可以給大家對國中理化課程內容有了基本概念並產生興趣，近而為各位同學在理化的學習上，開創一條輝煌壯闊的康莊大道！如同我的學生所感受一般，更期待各位同學們買到這本書，是你們求學生涯中所發生最美好的事！

在此，我要代表本團隊編著本書的作者，對所有支持我們的家長與同學，大聲地說：「謝謝你們！願我們的努力，可以讓所有同學的成績學業榮耀永世！」

陳大為

國家圖書館出版品預行編目資料

國中理化一點都不難／陳大為，王昊，王虹，王翰作. -- 五版. -- 臺北市：五南圖書出版股份有限公司，2023.09
面； 公分
ISBN 978-626-366-540-8（平裝）

1.CST：物理化學 2.CST：中等教育

524.36 112014127

ZC09

國中理化一點都不難

作　　者— 陳大為(271.8)、王昊、王虹、王翰
企劃主編— 王正華
責任編輯— 金明芬、張維文
封面設計— 簡愷立、姚孝慈
出 版 者— 五南圖書出版股份有限公司
發 行 人— 楊榮川
總 經 理— 楊士清
總 編 輯— 楊秀麗
地　　址：106臺北市大安區和平東路二段339號4樓
電　　話：(02)2705-5066　傳　　真：(02)2706-6100
網　　址：https://www.wunan.com.tw
電子郵件：wunan@wunan.com.tw
劃撥帳號：01068953
戶　　名：五南圖書出版股份有限公司

法律顧問　林勝安律師

出版日期　2013年5月初版一刷
2016年10月二版一刷
2020年2月三版一刷（共二刷）
2022年3月四版一刷（共二刷）
2023年9月五版一刷
2024年9月五版二刷
定　　價　新臺幣320元

經典永恆・名著常在

五十週年的獻禮——經典名著文庫

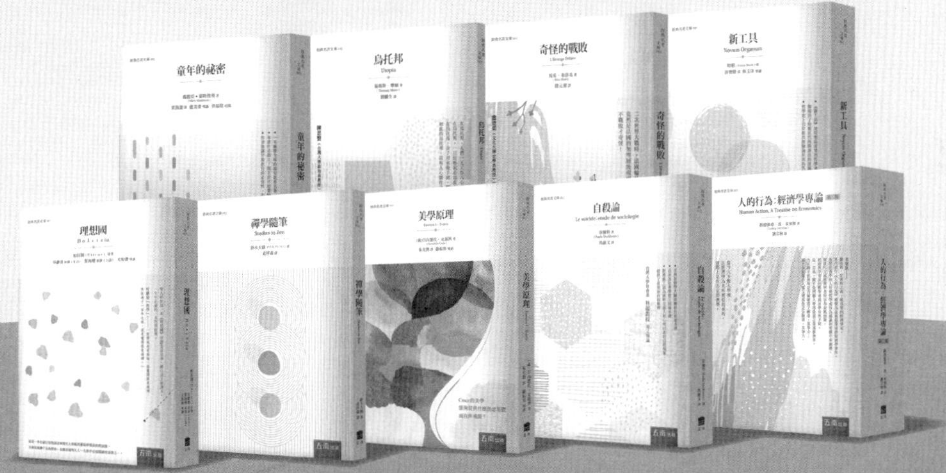

五南，五十年了，半個世紀，人生旅程的一大半，走過來了。
思索著，邁向百年的未來歷程，能為知識界、文化學術界作些什麼？
在速食文化的生態下，有什麼值得讓人雋永品味的？

歷代經典・當今名著，經過時間的洗禮，千錘百鍊，流傳至今，光芒耀人；
不僅使我們能領悟前人的智慧，同時也增深加廣我們思考的深度與視野。
我們決心投入巨資，有計畫的系統梳選，成立「經典名著文庫」，
希望收入古今中外思想性的、充滿睿智與獨見的經典、名著。
這是一項理想性的、永續性的巨大出版工程。
不在意讀者的眾寡，只考慮它的學術價值，力求完整展現先哲思想的軌跡；
為知識界開啟一片智慧之窗，營造一座百花綻放的世界文明公園，
任君遨遊、取菁吸蜜、嘉惠學子！